Copyright ⓒ 2010, 유재원
이 책은 한국경제신문 한경BP가 발행한 것으로
본사의 허락없이 이 책의 일부 또는
전체를 복사하거나 전재하는 행위를 금합니다.

인문학 두드림 콘서트

| 유재원 지음 |

한국경제신문

| 프롤로그 |

사람은 누구나 꿈을 꾼다. 그 꿈이란 어린 시절부터 매일 만들어지고 성장통을 함께 겪으며 그 키가 자라곤 한다. 우리는 이러한 꿈을 이루어가면서 삶의 희열을 느끼고 다시금 새롭게 태어난다.

에디슨 Thomas A. Edison은 세상에 갓 나온 '전기'라는 것으로 세상을 밝힐 수 있다고 믿었다. 발명가로서 여생 동안 풍족한 삶이 보장된 그는 그것을 포기하는 대신 다시금 연구에 몰두했다. 꿈을 이루어야 했기 때문이었다. 에디슨은 모든 사람이 집에서도 쓸 수 있는 작은 전구 하나를 만들기 위해 매일 고심했다. '세상을 밝혀보리라'는 에디슨의 꿈은 우리가 알고 있는 백열전구를 통해 세상의 어둠을 걷어냈다. 그렇게 그의 꿈은 이루어졌다.

이처럼 에디슨은 '발명가'이면서 '꿈 실현가'였다. 어린 시절 알을 품었던 이야기부터 수천 번의 실패를 극복하고 완벽한 전구를 만들던 이야기까지 이어지는 에디슨의 위대한 삶은 그의 '꿈 이루기 Do Dream'라고 할 수 있다. 이를 통해 에디슨은 세상에 '빛'과 '꿈을 실현하는 용기'를 주었다.

더 나아가 세상을 향한 에디슨의 두드림은 의외의 결과를 낳았다. 발명 중에 우연히 발견한 '에디슨 효과Edison Effect(열전자방출효과라고도 하며 한쪽으로만 전류가 흐르게 하는 이 현상을 통해 진공관원리 등이 도출되었다)'는 전기산업을 전자산업으로 도약하게 했다. 이처럼 에디슨은 자신의 꿈을 이룬 것에 그치지 않고 영감靈感을 받은 다른 과학자들이 전자電子를 연구하게끔 하는 견인차 역할을 했다.

엉뚱하다며 꾸지람을 받은 아이 에디슨. 그가 '세상을 밝히는' 꿈을 마침내 이루었다는 이야기는 나른한 현실에 익숙해진 30대 나 자신을 일깨웠다. 그리고 에디슨 효과가 전자제품혁명을 가져와 세상을 풍요롭게 바꾸어 놓았다는 것을 알게 된 후, 꿈 이루기가 혼자만의 기쁨을 넘어설 수 있다는 희망적인 생각을 하게 되었다.

이제껏 오랜 기간 책을 읽고 음악과 미술, 문학을 접해오면서 떠올린 생각은 이 훌륭한 가르침을 다른 사람들에게 전해줄 수 있었으면 하는 '꿈'이었다. 20대에 들어서고 인문대학을 다니면서, 인문학이란 죽은 고전이 아니라 '사람에 관한 성현들의 이야기'를 머금고 오늘도 우리 곁에서 살아 숨쉬는 우리 삶의 일부라는 점을 발견했다. 사법시험을 준비하면서도 《맹자》를 함께 읽던 내게, 인문학은 법조인의 바쁜 삶 속에서도 늘 마르지 않는 지혜의 샘이 되었다.

평소 책을 가까이 하고 음악, 미술, 문학, 역사, 철학에 관심을 가져본 사람이라면 인문학이야 말로 물질지향적인 세상을 일깨우고 각박한 일상에서 스스로의 중심을 잡게 하며 인간의 본성을 성찰하게 한다는 사실을 알 수 있다. 인문학적인 소양은 고전 속의 옛 말씀에 머물러 있지 않다. 시대를 건너뛰어 현재 우리의 문화생활 전반에 큰 영향을 주고 있다. '태양 아래 새로운 것이란 없다'는 성경의 격언은 바로 인문학이 가지고 있는 풍부한 지혜를 의미한다. 최근 들어 인문학은 세상과 인간을 경영하는 데 많은 관심을 가진 현대인에게 창조적인 미래를 준비할 때 필요한 아이디어의 보고寶庫 역할을 다하고 있다.

'하나의 촛불이 다른 초를 밝힌다면 원래 초의 밝기는 줄어들지 않고 세상은 점점 밝아진다'는 성현의 가르침처럼 이 '인문학 나누기'라는 꿈은 언젠가 세상을 밝혀줄 수 있으리라 믿고 있다. 나아가 그것이 에디슨 효과를 만들고 다른 영감靈感을 창조하게 한다면 더 커진 기쁨을 나누는 일이 된다. 인문학이라는 지혜를 나누어 주는 '그 촛불'은 점점 커 나가면서 세상 사람들에게 현명한 멘토Mentor가 될 수 있으리라 기대한다.

이 책은 '인문학의 지혜를 사람들과 나누어 보자'는 꿈을 이루려 세상에 나오게 되었다. 이 책의 글들은 선뜻 인문학과 무관해 보일 수도 있지만 하나같이 인문교양의 토양 위에서 일구어낸 열매라는 점을 강조하고 싶다. 첫 페이지를 넘기면서부터 여러분들은 '도대체 인문학이 나와 무슨 상관일까'라는 의문에서 벗어나 '인문학으로 이런 이야기도 쓸 수 있구나. 그래, 앞으로 인문학은 나를 이렇게 바꿔놓을 수 있어'라며 무릎을 칠 수도 있다. 바쁜 일상 속에서도 마음속에서 불꽃을 간직한 자신의 '아이디어 엔진'을 돌리게 될 것이다. 이제부터 인문학은 여러분에게 중요성을 가진 존재이며 우리 곁에서 쉬지 않고 속삭이는 아이디어의 창고가 될 것이다. 그렇게 인문학을 통해 많은 분들의 다른 꿈도 이루어지리라 믿고 싶다!

어린아이의 엉뚱한 호기심을 따스하게 감싸주는 '세상의 모든 어머니'는 위대한 스승이시다. 나의 어머니 또한 그러하셨다. 이 스승은 '늘 고귀한 가르침을 배우려고 노력하라. 그 배운 바를 다른 사람들에게 전해주어라'며 깊은 애정으로 사람을 대하는 법을 가르쳐주셨다. 이 책이 세상에 나온 것은, '대한민국엔 누구나 공감할 수 있는 이야기가 많이 필요하다'는 한경BP 김경태사장님, 박현부장님의 창조적 아이디어에서 비롯되었다. '꿈의 실천 가이드' 《마시멜로 이야기》로 대한민국을 번쩍 들어올린 바 있는 《한국경제신문 한경BP》의 미래지향적인 격려에 감사드린다.

프롤로그

 사랑과 성공의 이중주 속에서

1 **세기의 로맨스**
　칼라스, 오나시스 그리고 재클린의 숙명적 엇갈림

- 나의 에우리디체를 잃어버리고　　　　　　　　• 019
- 신이 내린 목소리, 마리아 칼라스　　　　　　　• 020
- 빛나는 여성에 보석과 찬사를 – 오나시스와의 만남　• 022
- 두 영웅의 여인, 재클린 부비에 케네디 오나시스　• 025
- 세기의 로맨스는 어느덧 결말을 향하고　　　　• 028
- 영원히 남을 로맨스의 끝　　　　　　　　　　• 031
　: 인문학 숲의 단상

2 **지독한 사랑**
　허영심에 찬 독재자의 '타지마할'

- 허영심과 사치의 기막힌 유산　　　　　　　　• 037
- 타지마할, 이보다 더 아름다울 순 없다　　　　• 038
- 탐미주의자의 지독한 사랑　　　　　　　　　• 045
　: 인문학 숲의 단상

3   위대한 라이벌
아널드 파머와 잭 니클라우스의 발자취

- 골프는 인생이다 · 049
- 전설의 예고편 · 049
- 패기의 혁명가 아널드 파머, '파머의 시대'를 열다 · 051
- 청년 잭 니클라우스, 새로운 신화를 쓰다 · 054
- 골프계의 역사를 써내려간 진정한 라이벌 · 057
- 찬란한 녹색으로 빛나는 그린 위에서 · 063
  : 인문학 숲의 단상

4   케네디가家의 신화
신화라는 것은 존재하지 않는다

- 누구나 기억하는 취임연설 · 069
- 부에서 권력으로, 케네디가家의 신화 · 070
- 케네디가家의 대통령 탄생 · 074
- 20세기 가장 유명한 죽음 · 078
- 케네디가家의 그 후 · 080
- 신화라는 것은 존재하지 않는다. · 085
  그들의 끝없는 열정과 불굴의 집념이 있었을 뿐
  : 인문학 숲의 단상

악樂 음악에 감사하게 되는 날들

5   음악의 아버지 바하의 〈샤콘느〉를 듣던 기억
아버지의 고독과 신동神童 하이페츠

- 누구나 잃어버린 하루는 있다 · 097
- 바하 〈샤콘느〉에 대하여 · 098

- 바하를 연주하는 신동, 얏사 하이페츠 • 099
- 하이페츠의 바하 〈샤콘느〉 연주 • 101
- 외롭고 성실한 한 인간, 아버지 • 102
    : 인문학 숲의 단상

6   음악이 우리 곁에 있다는 것은
    아바ABBA의 'Thank you for the music'

- 대중적이지만 천박하지 않은, 쉽지만 아름다운 • 107
- 스웨덴의 네 개의 보석 • 108
- 고마워요 음악, 고마워요 아바 • 110
    : 인문학 숲의 단상

7   낯선 공간에서 방황하던 이방인 청년
    주홍빛으로 다가왔던 쇼팽

- 지독했던 겨울, 쇼팽을 들었다 • 117
- 화려한 도시에서 고독했던 파리지엥, 쇼팽 • 118
- 쇼팽을 닮은 피아니스트, 상송 프랑소와 • 123
- 흐트러진 열정이 주는 아름다움 • 128
    : 인문학 숲의 단상

 아름다움 돋보기,
미술이 우리에게 전하는 말

8   어머니, 가장 위대한 아름다움
    라파엘로의 〈성모자화〉를 바라보며

- 아이의 볼을 보고 있노라면 • 137
- 라파엘로가 보여준 우아하고 이상적인 아름다움 • 138
- 삶의 행복을 주는 아름다운 모습들 • 141
    : 인문학 숲의 단상

9 슬픔과 관능의 유혹
아메데오 모딜리아니의 삶과 예술

- 한 사람을 가슴속에 묻다 • 147
- 아름다움 그 이상以上을 향하고자 한 이상주의자理想主義者 • 148
- 이상적인 미에 대한 끊임없는 추구, 모딜리아니의 갈망 • 156
- 한 화가가 남기려고 한 '그 모습'은 • 161
  : 인문학 숲의 단상

 문文 고전의 숲에서 미래를 찾다

10 인류의 위대한 스승
공자의 《논어》

- 우주에서 가장 훌륭한 책 • 169
- 공자의 말씀과 삶이 담긴 소중한 기록, 《논어》 • 170
- 공자의 멋스러운 제자, 안연과 자로 • 174
- 백가쟁명의 으뜸에 당당히 서다 • 178
  : 인문학 숲의 단상

11 운명 앞의 사람은 먼지처럼 흩어져버린다
셰익스피어의 《4대 비극》

- 대학 영문과에 들어온 건 셰익스피어를 읽기 위해서였다 • 183
- 엘리자베스 시대에 유행한 네 개의 슬픈 이야기 • 184
- 약한 자여, 그대 이름은 여자이런가 - 《햄릿》 • 185
- 별들이여 빛을 감추어라. 검고 깊은 야망을 보지 마라 - 《맥베스》 • 187
- 바람아 불어라, 은혜도 모르는 인간을 태어나게 하는 모든 씨앗을 없애버려라! - 《리어왕》 • 189
- 사랑하기 때문에 죽어야 하다니요 - 《오셀로》 • 192

- 삶과 연극의 사이에서 • 193
  : 인문학 숲의 단상

12 권리 위에 잠자는 자는 권리를 보호할 가치가 없다
폰 예링의 《권리를 위한 투쟁》

- 법에도 철학이 있다 • 199
- 권리를 가진 사람은 잠자고 있어서는 안 되는 • 200
  '당연한 의무'가 있다
- 대한민국 젊은이여, 권리 위에 잠을 자고 있는가 • 204
  : 인문학 숲의 단상

13 당신들의 천국에서 우리들의 낙원으로
이청준의 《당신들의 천국》

- 소록도라는 섬 • 209
- 이 한권의 소설, 《당신들의 천국》 • 209
- 우리들의 천국으로 • 214
  : 인문학 숲의 단상

 세상과 소통하는 마음가짐

14 하느님의 손에 쥐어진 작은 몽당연필
마더 데레사의 삶과 꿈

- 그녀를 맞이하며 • 223
- 꿈을 품던 소녀에서 빈민가의 성녀로 거듭나기까지 • 224
- 첫 번째 시험 • 226
- 두 번째 시험 • 228

- 세 번째 시험 • 229
- 네 번째 시험 • 231
- 천로역정을 이겨낸 위대한 삶 • 233
- 한 번에 단 한 사람 • 236
  : 인문학 숲의 단상

15 인문학의 숲에서 꿈을 찾다
박애주의를 향한 발걸음

- 변호사든 거지이든, 누구든 가진 것은 있다 • 243
- 누구에게나 고마운 사람들은 있다 • 244
- 가진 것들, 고마운 마음을 언젠가는 나누어야 하는 일 • 250

에필로그 | 가슴이 설레는 순간

1. 세기의 로맨스
   칼라스, 오나시스 그리고 재클린의 숙명적 엇갈림

2. 지독한 사랑
   허영심에 찬 독재자의 '타지마할'

3. 위대한 라이벌
   아널드 파머와 잭 니클라우스의 발자취

4. 케네디가의 신화
   신화라는 것은 존재하지 않는다

인人

사랑과 성공의 이중주 속에서

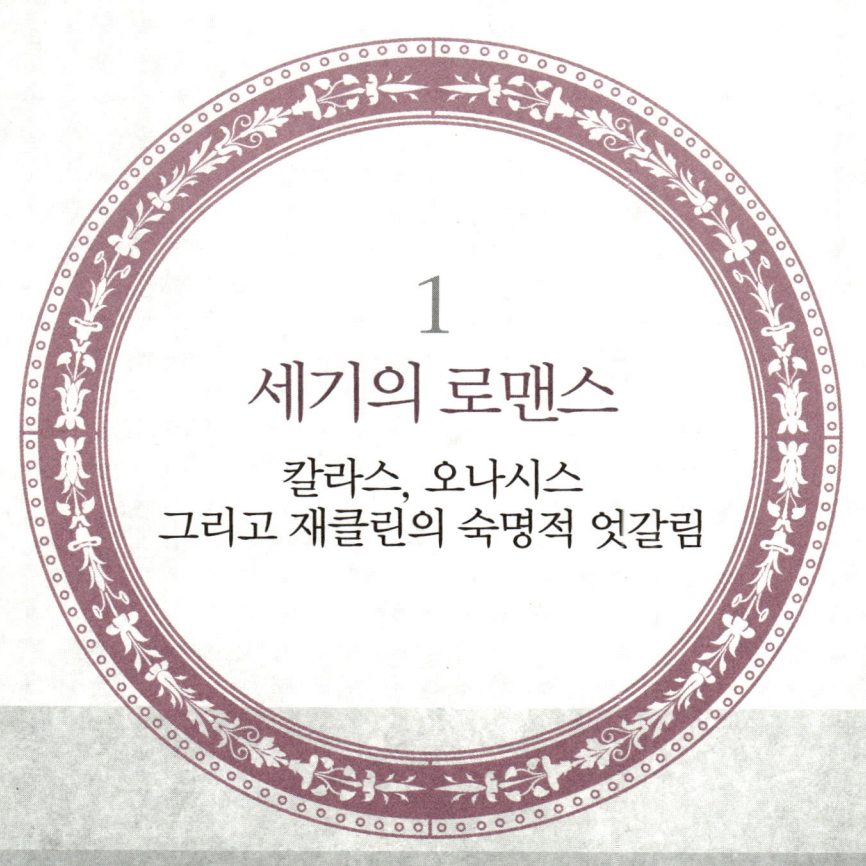

1
세기의 로맨스

칼라스, 오나시스
그리고 재클린의 숙명적 엇갈림

인문학 두드림 콘서트

나의 에우리디체를 잃어버리고

그날 아침은 머리가 맑은 편이었다. 살며시 잠에서 깨어 신선한 아침 기운을 맞으며 신록新綠을 바라보는 여유로운 일요일이었다. 산책을 하던 중, 아침을 시작하며 들었던 노래, 소프라노 마리아 칼라스의 아리아를 나도 모르게 흥얼거리고 있었다. 글룩의 오페라 〈오르페오와 에우리디체〉 중에서 '나의 에우리디체를 잃어버리고' 라는 곡이었다. 프랑스 오페라에는 출연한 적이 없었던 칼라스임에도 그녀는 마치 자신이 오르페오가 된 양 애절하게 에우리디체를 찾는 '슬픈 노래' 를 들려주었다. 수많은 아리아들이 칼라스의 목소리가 닿을 때마다 새로이 태어났고, 오페라를 즐기는 사람들이 '신이 내린 목소리'라고 극찬하듯 칼라스의 노래들은 귀 기울여볼 가치가 있다.

다만 그때 다른 생각이 떠올랐다. 그 생각은 '흔들리고 술렁였던 그녀의 삶' 에 대한 것이었다. 세기의 소프라노로서가 아닌 한 여인으로서 그녀는 어떤 삶을 살았던가. 음악가로 활동하면서 찬사와 영광을 받은 그 무대 뒤에서 그녀는 '한 여인으로서의 삶' 을 처참히 내팽개칠 수밖에 없었던 것은 아니었던가?

그러고는 필연적으로 다른 한 여인이 떠올랐다. 천부적인 매력으로 세상의 뭇 남성들을 설레게 했고 케네디가문에 발을 들여 영부인의 자리에 오른 재클린 케네디라는 여인이었다. 그때 왜 재키를 떠올렸던 것일까. 그 답은 바로 아리스토틀 오나시스라는 한 남자에게 있었다. 남부러울 것 없이 시대를 풍미한 두 여인이 숙명적인 교차를 하게 되는 그 중간에 바로 그가 있다. 한 여인에게는 잊을 수 없는 상처를, 또 다른 한 여인에게는 최고의 승리감을 안겨주었던 운명적인 남자 오나시스.

세 사람의 엇갈린 운명은 '세기의 로맨스'를 이루어냈으며 많은 사람들의 가슴 한 켠에 지속적인 동경과 아련한 추억으로 자리잡았다. 마리아 칼라스를 떠올리던 긴 여름밤, 그 세 사람만이 만들어낼 수 있었던 로맨스를 이야기해 보련다.

신이 내린 목소리, 마리아 칼라스

우선 칼라스의 이야기부터 해야 할 것 같다. 마리아 칼라스_{Maria Callas, 1923.12.2~1977.9.16}는 테너 카루소 이후 가장 주목을 받았으며 이미 30대에 전 세계 오페라계를 호령했던 소프라노였음에 틀림없다. 그리스 이민가정 출신으로 뉴욕에서 태어난 그녀는 부족한 환경에서 어린 시

오페라 "투란도트"에 출연한 마리아 칼라스

절을 보냈다. 가난한 집에서 희망을 걸었던 것은 그녀의 목소리였다. 그녀는 10살부터 노래에 두각을 나타냈으며 이재理財에 밝은 어머니는 아이를 가수로 키울 생각을 하고는 그리스로 돌아가 후원자를 찾았다. 그리스로 돌아간 어린 마리아는 자신을 부와 명예로 이끌 수 있는 유일한 수단이 자신의 목소리임을 점차 깨닫고 유명한 성악가들에게 레슨을 요청했다. 당시 그녀는 뚱뚱한 10대 소녀였지만 왠지 모르게 어른스러운 데가 있었고 거부할 수 없는 당돌함과 무서운 카리스마를 갖고 있었다. 아테네음악원에서 정식으로 공부를 한 칼라스는 그리스와 이탈리아의 오페라극장에 출연하며 점차 그 능력을 인정받게 된다. 초반 인기에 들뜬 그녀는 곧 미국으로 돌아가 메트로폴리탄 극장에서 정식데뷔를 하려했다. 그러나 뉴욕 메트로폴리탄은 만만한 무대가 아니었으며 당연히 그녀의 청을 거절했다. 모욕을 받았다고 생각한 칼라스는 극장지배인에게 "언젠가 메트로폴리탄이 내게 무릎을 꿇고 노래를 간청할 날이 올 거예요. 그때가 와도 나는 절대로 응하지 않을 테니 단단히 기억해 두세요!"라고 큰소리치며 그리스로 돌아갔다. 훗날의 이야기이지만, 기억력 좋은 그녀는 자신의 말 그대로 메트로폴리탄극장에 보복하게 된다.

유럽으로 돌아온 칼라스는 주연으로서 데뷔하기를 열망했으며 배역에 맞지 않을 것을 염려하여 몸무게를 수십 킬로그램이나 감량했다. 운 좋은 칼라스는 기회를 맞게 되는데, 이탈리아 베로나극장에서 데뷔한 것이 그 하나였고 평생의 후원자를 만나게 된 것이 그 두 번째였다. 베로나극장에서의 공연은 성공적이었고 그 후원자는 그녀에게 소중한 인연이 되었다. 그 사람은 베로나의 부호 죠반니 바티스타 메네기니였다. 그는 칼라스보다 무려 두 배 연상이었으나 늘 관심어린 태도로 그녀에게 사랑과 후원을 아끼지 않았다. 칼라스와 메네기니, 서로에게 호감을 가진 두 사람은 1949년에 결혼하게 된다.

든든한 후원자를 얻은 칼라스는 1951년 라 스칼라극장에 출연하면서 오페라 가수로서 성공하기 시작했다. 주가가 오른 그녀는 출연에 구구절절 조건을 붙이는 유별난 전성기를 맞게 된다. 칼라스는 실력이 뛰어났지만 시기심이 강해서 다른 가수의 성공을 놔두지 않는 괴팍스러움도 있었으며 은인들에게도 사소한 원한에 대해 앙갚음을 서슴지 않았다. 이렇게 배은망덕하고 후안무치한 성격 탓에 많은 지탄을 받기도 했으나, 노래실력은 최고였기에 크게 비화되지 않았다. 오페라 가수로서 탁월한 능력을 인정받은 그녀는 1950년대를 휘어잡으며 다른 가수들을 압도했다. 그녀는 이탈리아 오페라의 벨칸토 창법을 잘 소화해냈으며 소리의 폭이 넓고 성량도 풍부한 희대의 콜로라투라·드라마티코 가수였다. 또한 그녀는 세기의 지휘자 툴리오 세라휜과 함께 이제껏 주목받지 못한 오페라에 도전했고 훗날 오페라공연의 레퍼토리를 넓히는 데 기여했다. 다소 강한 듯한 목소리였지만 오페라에서 창법 외에 '연기'를 극대화하여 풍부한 감정이입을 통해 맡은 역할에 가장 잘 맞는 분위기와 노래를 창조해낼 수 있었다.

빛나는 여성에게 보석과 찬사를 — 오나시스와의 만남

칼라스의 삶은 1950년대 후반 그리스의 부호 아리스토틀 오나시스 Aristotle Socrates Onassis, 1906.1.15~1975.3.15를 만나게 되면서 또 다시 큰 변화를 맞는다. 오나시스는 세계적 부호이자 유명인사였다. 부유한 상인 가문에서 태어난 그는 그리스-터키의 전쟁 중에 재산을 잃고 홀로 남

미로 떠났지만 그 후 담배 무역상으로 성공을 거두어 몰락한 가문을 다시 일으켰다. 천부적 사업수완을 타고난 오나시스는 20대에 백만 장자가 되었으며 30대에는 선박사업을 펼쳐 제2차 세계대전 동안 사업의 호기를 맞아 잇따른 성공을 거둔다. 1950년더에 그는 사우디왕국과 전속으로 석유운송계약을 체결함으로써 선박업과 석유업을 함께 아우르는 커다란 규모의 사업을 이어나갔다. 엄청난 사업을 이루어낸 그는 '선박왕 Emperor of Ships'으로 불렸고, 뉴욕과 그리스에 '오나시스 패밀리 Onassis Family'를 형성하여 세계의 유명 항港에 많은 선박을 거느렸다. 그 위세가 어찌나 대단했던지 웬만한 나라의 해군 규모보다 크다고 평하는 사람도 있었다. 이렇게 숨 가쁜 성장을 해온 오나시스가 중년에 들어 삶의 여유를 찾고 다른 여가에 관심을 기울이게 된 것은 어쩌면 당연한 순리順理인지도 모른다. 그는 자신의 딸의 이름을 딴 '크리스티나호號'라는 호화요트를 지중해에 띄우고 사치와 향락에 탐닉했다. 특히 아내와 이혼한 뒤부터는 더욱 공공연하게 유명인사들과 스캔들을 일으켰는데, 그 상대가 한 여성으로 정해지는 듯하면서 이른바 세기의 로맨스가 시작된다. 그 상대는 바로 마리아 칼라스였다.

칼라스와 함께한 오나시스

당시 나이 든 남편과의 결혼생활뿐만 아니라 여유 없는 가수생활에 따분함을 느끼던 칼라스는 오나시스의 초대에 응하게 되었다. 오나시스는 칼라스를 환대했고 아부에 가까운 언사와 과분한 호의를 베풀었다. 크리스티나호를 떠날 즈음 오나시스는 그녀에게 선물을 건넸다. 그것은 보석회사 티파니TIFFANY에 주문제작한 팔찌였다. 그 팔찌에는 "사랑스런 당신, 그대를 영원히 잊지 않으리오. 오직 그대만을 생각하는 오나시스가……."라는 글귀가 새겨져 있었는데, 의혹의 눈길을 보내던 남들에게는 꼴사납게 보일 정도였다.

첫 만남 이후 두 사람은 더 자주 만났으며 칼라스는 오나시스의 관심과 호의에 점차 빠져들었다. 얼마 지나지 않아 두 사람은 주위 시선을 아랑곳하지 않은 채 이른바 "칼라스와 오나시스의 요트행각Yacht-Cruise Scandal"으로 세인의 관심을 사게 된다. 칼라스는 일방적으로 공연 일정을 모두 취소하고 남편 메네기니도 내버려둔 채 오나시스의 '궁전'에서 향락을 즐겼다. 이를 계기로 둘의 관계는 급속도로 가까워진다. 오나시스는 늘 아부어린 찬사를 보냈으며 많은 보석을 선물했다. 빛나는 여성에 대한 그의 찬사와 호의는 끝이 없어 보였다. 호의에 익숙한 칼라스라도 오나시스라는 남자에게 점차 끌리지 않을 수 없었다. 이윽고, 열정적이고 분명한 성격을 가진 칼라스는 오나시스에게 한 여인으로서의 사랑을 보냈으며 연애에 노련한 오나시스는 그 사랑을 받아들이는 것처럼 연출했다.

차차 둘의 결혼 이야기가 떠돌았고, 성격 급한 칼라스는 남편 메네기니와의 이혼을 서둘렀다. 그러나 칼라스가 이혼한 후에도 오나시스는 선뜻 결혼에 응하지 않았고 이런 미온적인 반응에 칼라스는 점점 초조해져갔다. 물론, 오나시스와 칼라스가 서로를 아낄 만큼 가까워진 것은 사실이었다. 그럼에도 이유는 있었다. 오나시스는 어느덧 다른 여인을 바라보고 있었기 때문이다. 그러한 사실을 직감한 칼라스는 분노와 증오에 휩싸였다. 그러나 아무리 칼라스라도 그 운명적 라이벌을 가볍게 볼 수 없었다. 그 여인은 콧대 높은 칼라스만큼이나 빛나는 여성이었으며 어쩌면 전 세계에서 유일하게 칼라스에 대적할 만한 인물이었다.

두 영웅의 여인, 재클린 부비에 케네디 오나시스

그 사람은 케네디 대통령의 영부인이었던 재클린 부비에 케네디 Jacqueline Bouvier Kennedy, 1929.7.28~1994.5.19였다. 영화배우의 맏딸로 태어난 재클린은 주위의 사랑과 귀여움을 받으면서 자라났다. 그녀는 어린 시절부터 아버지의 외도에 상처받는 어머니를 위로하고 어린 동생을 보살피면서 자랐을 만큼 어른스러웠다. 검은 머리에 갈색 눈동자를 가진 재클린은 내면을 잘 드러내지 않는 성격이었으며 교양과 센스를

재클린 케네디의 영부인 시절 모습

두루 갖춘 재원才媛으로 커갔다. 명문사립대학을 졸업한 재클린은 불어, 이태리어, 스페인어를 할 줄 알았고 타고난 글 솜씨로 음악·미술·문학 등에 대해 해박한 이야기를 할 수 있었다. 20대의 그녀는 작은 신문사의 사진기자로 활동하며 앞으로 다가 올 자신의 미래를 대비한다. 얼마 지나지 않아 운명의 남자를 만나게 되는데 바로 하버드 출신의 젊은 정치인인 존 F. 케네디였다. 이제껏 더 나은 미래를 준비해왔던 재클린은 이 남자와 함께 할 변화의 운명을 감지하게 된다.

주위 사람들의 기대를 한 몸에 받고 자란 케네디라는 청년은 늘 자신만만했으며 죽은 형을 대신하여 정치가로 성공할 야심 찬 계획을 가지고 있었다. 케네디는 선거에서 한 번도 패하지 않고 승승장구했고 이러한 정치적 입신에는 하버드 동문들 그리고 케네디가家의 조직력과 재력이 큰 역할을 했다. 매력남이었던 그는 주위에 여자가 많았지만, 신중하고 조심스러운 케네디가家는 재클린을 집안 구성원

재클린과 함께한 오나시스

으로 받아들인다. 그녀는 이제 재클린 부비에 케네디가 되었으며 케네디가家에서 남편의 정치활동을 내조하는 역할을 부여받았다. 사실 재클린은 그런 분위기에 익숙하지 않은 편이었다. 매번 언론의 관심을 받는 것을 부담스러워 했고 때론 남편이 자신을 정치적 광고에 적절히 활용하려 한다는 것도 맘에 들어 하지 않았다. 그러나 배려 깊은 그녀는 10여 년간 정치인 케네디와 함께하며 정치활동을 도왔다. 1960년, 하나의 '신화神話'를 창조하며 젊은 케네디는 대통령으로 당선되었다. 그 후 케네디 대통령이 뉴프런티어 정신을 주창하며 미국을 바꾸어간 것처럼 영부인 재클린은 백악관의 분위기를 우아하게 변화시켰다. 그녀는 최초로 백악관에 도서관을 만들도록 했으며 '장미정원Rose Garden'을 만들어 운치 있는 백악관을 가꾸어나갔다. 그녀는 문화행사를 자주 열었고 낭비라는 말이 나오기는 했지만, 그런 재클린의 돌출행동에 대해서도 미국인들은 변함없는 호의를 보내주었다. 남편의 그늘에 가려져 있던 그녀가 빛을 발한 것은 프랑스 순방에서였다. 그녀는 순방 내내 멋진 옷맵시로 주위의 관심을 샀고 패션에 대한 사람들의 관심을 끌어올렸다. 또한 드골대통령과 프랑스 미술·문학에 대해 이야기를 나누었던 일화는 유럽과 미국의 콧대 높은 신문사를 그녀의 편으로 만들었다. 이렇게 든든한 후원자들을 얻게 된 그녀는 교양 있고 우아한 영부인 이미지로 세상에 각인되었다.

얼마 후 유럽순방을 마친 케네디는 지중해 연안에서 휴가를 보냈는데, 그곳에서 어느 부호의 환대를 받게 된다. 바로 오나시스였다. 오나시스는 그의 '바다 위의 궁전'에서 케네디 부부가 쉴 수 있도록 최선의 배려를 했고 케네디 부부는 그에 대한 호감을 간직한 채 백악관으로 돌아갔다. 그러나 행복도 잠시였다. 1963년, 케네디 대통령이 암살당하고 미국은 혼란에 빠졌다. 소동이 가라앉고 존슨 행정부가 들어서면서 케네디와 재클린에 대한 관심은 점차 식어갔다. 홀로 남겨진 재클린도 충격에서 벗어나지 못했으며 얼마 동안 은거하며 지냈다. 그 후 그녀는 지중해로 여행을 떠나게 되는데 그곳에서 다시 오나시스를 만나게 되었고 그로부터 극진한 위로와 환대를 받게 된다.

 남편을 잃고 마음이 흔들리던 재클린, 이혼 후 칼라스와의 결혼문제로 고민하고 있던 오나시스는 서로 간에 동병상련同病相憐을 느끼지 않았을까. 재클린은 크리스티나 호에서 예정보다 오래 머무르면서 오나시스와의 관계를 키워갔고 오나시스는 칼라스에게 한 그 이상의 호의로 재클린을 대해주었다. 그녀가 떠날 때 오나시스는 재클린에게 티파니 팔찌를 선물했는데 거기에 새겨진 글귀는 지난번 칼라스의 것과 같았다. 부와 환락의 궁전에서 안락하게 지냈던 재클린이 미국으로 떠날 때쯤, 어느덧 세상 사람들의 관심은 그 두 주인공에게 집중되어 있었다. 죽은 대통령의 영부인과 억만장자의 만남은 좋은 이야기 거리가 될 만했다. 그리고 덧붙여서 이제껏 억만장자와 로맨스를 키워나갔던 세계적 소프라노는 어떻게 될 것인가 또한 세인의 관심거리였다.

세기의 로맨스는 어느덧 결말을 향하고

점점 주위 사람들의 관심이 많아지고 입에 오르내리고 있음에도, 정작 무대 위 주인공들은 자신들의 감정에 충실했다. 가수생활을 접은 칼라스는 여전히 오나시스에게 모든 것을 주려 했고 오나시스는 칼라스에게 진부함과 부담을 느끼며 점차 재클린에 대한 관심을 키워나갔다.

재클린과의 결혼을 발표하는 오나시스

1965년 런던로얄코벤트가든가극장에서 오페라〈토스카〉에 출연한 마리아 칼라스-사랑에 상처받은 그녀의 마지막 공연이다

재클린은 주위의 시선을 신경 쓰면서도 오나시스의 제스처를 거부하지 않았다. 이런 상황에서 칼라스는 점점 초조해졌다. 그녀가 아무리 오나시스의 사랑이 식었다고 공공연히 떠들고 다녀도 그러한 행동이 그녀를 위로해줄 수는 없었다. 그녀는 외로웠고 혼자 가슴앓이를 할 수밖에 없었다. 그녀는 오나시스의 마음이 돌아오지 않을 것을 예감했다. 이제 운명적 트라이앵글에서 이탈할 수밖에 없게 된 칼라스가 재클린을 한없이 저주한다 하더라도 칼라스 자신에게는 아무것도 득이 될 수 없었다. 그녀는 결국 1964년 오나시스와 파경을 맞았다.

소프라노 칼라스는 다시금 오페라의 무대로 돌아왔다. 처음 몇 년간은 무대에 잘 적응하는 듯 보였다. 그러나 사랑에 상처 입은 여인은 점점 삶의 의욕을 상실해가기 마련이던가. 무대를 휘어잡던 카리스마는 온데간데없었고 사람들의 심금을 울리던 표현력도 예전 같지 않았다. 후배들을 위한 성악지도나 음악행사에 간간이 모습을 내비치기도 했으나 예전과 같은 열의는 보이지 않았다. 결국 그녀는 2년이 채 되지 않은 1965년에 마지막 오페라 출연을 하고는 공식적인 음악활동을 마감했다. 그녀 나이 42세. 한 시대를 휘어잡았던 소프라노로서는 젊고 아까운 나이였다.

한편 오나시스와 재클린의 관계는 점점 깊어져 이윽고 두 사람은 결혼을 발표하기에 이르렀다. 남겨진 승리자인 재클린은 재클린 부비에 케네디 오나시스Jacqueline Bouvier Kennedy Onassis로 거듭났다. 예전에 칼라스가 오나시스의 자녀와 자주 불화하며 "그 여자"로 불렸던 반면, 재클린은 이제껏 지켜왔던 오나시스家의 룰을 깨뜨리지 않고 잘 조화하려 했다. 사람들은 케네디가 죽은 후 얼마 되지도 않아서 재클린이 오나시스와 재혼한 것을 두고 "지조가 없다"거나 "정략결혼이었다"는 식으로 매도하려 했지만, 세기의 로맨스라는 무대의 두 주인공은 행복해보였다. 이제 운명은 오나시스에게는 우아한 여인과의 영광스런 명예를, 재클린에게는 영원한 부를 약속해 주고 있었다.

오나시스의 결혼 소식을 들은 칼라스는 큰 충격을 받았다. 그리고 모든 연락을 끊고 두문불출했다. 그녀는 그 이후 무려 10여 년간 파리에서 은거하며 혹독하고 고독한 삶을 살았다. 사랑에 상처받고 홀로 남겨진 여인에게는 진정 긴 시간이었다. 그녀는 죽기 전에 이런 말을 남겼다고 한다.

"고독은 공허이며 무無다."

지독한 외로움을 느껴본 사람만이 할 수 있는 말이었으며 칼라스만

이 할 수 있는 말이었다. 집념과 배신의 삶에서 사랑을 꿈꾸는 삶으로 비약하려 했던 영원한 디바 칼라스는 잃어버린 사랑의 애잔함을 남기며 쓸쓸히 돌아서게 되었다.

영원히 남을 로맨스의 끝

"그렇기에 인간은 언제나 혼자다"라는 말은 소중한 격언이다. 그러나 그것을 깨달았다 할지라도 그 고독한 삶을 살면서 종종 필요한 것은 무엇일까라는 생각도 해본다. 고독을 받아들이기에는 큰 고통이 있고, 그래서 부족한 것이 있다. 그것은 바로 자신을 '한 사람'으로서 바라봐주는 이성의 따뜻한 관심일 것이다.

마리아 칼라스는 이 시대 최고의 소프라노였다. 'B.C. Before Callas', 'A.C. After Callas'라는 말은 오페라 계에서는 이미 고전이 되었다. 칼라스 이전과 칼라스 이후로 오페라의 판도는 달라졌으며 '영원한 디바 DIVA'인 그녀의 목소리는 세계를 바꾸어 놓았다. 그녀의 라이벌이자, 조심스레 세공된 보석과 같았던 재클린 케네디 또한 세기의 여인으로 불릴 만한 인물이었다. 좋은 가정환경이나 든든한 후원자가 없었음에도 스스로 모든 것을 이루어나간 당찬 여성이었으며 사람들로부터 '영원한 퍼스트레이디 FIRST LADY'라 불릴 자격이 있었다.

이처럼 남부러울 것 없는 부와 명예를 가졌던 그 여인들이라 하더라도 '부족한 것'이 있었다. 그것은, 여인인 자신에게 관심을 기울여주고 호감 있는 말을 건네는 한 남자의 제스처였던 것이다. 풍요로운 부유함으로 세계를 누빈 사람이자 야망과 자신감에 넘쳐 있던 '영원한 선박왕 EMPEROR OF SHIPS' 아리스토틀 오나시스는 그들의 좋은 파트

오페라〈노르마〉에 출연한 마리아 칼라스
최고의 연기를 보여주었던 그녀는 정결한 달의 여신 노르마의 이미지를 잘 표현했다고 극찬받았다

너가 될 만했다. 멋진 그들의 사랑은 한동안 '세기의 로맨스'가 되어 주위의 시기심도 낳았지만, 로맨스가 진행 중일 때 그 주인공들은 인생 최고의 행복감을 만끽할 수 있었다. 그러나 그 불안한 트라이앵글에서, 한 여자는 버려졌고 더 이상의 로맨스는 이어지지 않았다. 그 후 한 여인을 떠나보내고, 남겨진 그리고 승리한 두 사람도 멋진 로맨스를 영원히 이어갈 수는 없었다.

부든 명예든 부족함이 없는 그들이 왜 주위의 시선에 아랑곳하지 않고 무모한 만남을 계속 이어갔던 것일까. 그 이유는 그들에게 '사랑'이 필요했기 때문이었다. 비틀즈가 말한 대로 "All you need is LOVE, LOVE is All you need"라는 표현이 적당할 것 같다. 고독함을 느끼는 삶이 반복되는 동안에도 '천상의 날개 달린 천사도 부러워할 사랑 이상의 사랑(Loved With a love that was more than love, With a love that the winged seraphs of heaven coveted-애드가 앨런 포〈에너벨리〉중에서)'은 누구나 언제나 꿈꾸는 것이라는 생각이 든다.

인문학 숲의 단상

'세기의 로맨스'. 그 뒷얘기를 아는 것은 좋은 취향이 아닐 것이다. 밝은 빛의 뒤안에서는 어두운 그림자가 기다리고 있기 때문이다. 은퇴한 마리아 칼라스는 10여 년 동안 수면제와 신경안정제에 의존하며 은거생활을 하다가 쓸쓸히 죽어갔다. 그녀는 유언대로, 코발트빛 블루의 그리스 에게해에 뿌려졌으며 음악인들을 비롯한 많은 사람들이 그녀의 죽음을 안타까워했다. 그녀가 죽은 뒤 어머니와 전前 남편 사이에 음반 저작권을 두고 법적분쟁이 벌어지려 했으나 지루한 협상 끝에 극적으로 돈 싸움은 해결되었다. 아리스토틀 오나시스는 결혼한 지 10년이 못 되어 세상을 떠났고 죽기 얼마 전 사치스러운 재클린과의 사이는 극도로 악화되었다. 특히 그는 외아들이 죽은 후에 심적 불안을 겪었고 아이를 낳을 수 없는 재클린과의 불화가 이어졌다. 그는 유언으로 막대한 유산의 절반을 전처前妻와 외동딸 크리스티나에게, 나머지를 비행기사고로 죽은 아들을 위한 '오나시스재단'에 기증했다. 또한 그는 재클린의 상속분을 월 1만 달러 수준으로 한정하는 유언장을 남기면서 재클린에게는 인색한 모습을 보여주고 떠나갔다. 그러나 재클린은 가만히 있지 않았다. 그 후 재클린의 유능한 변호사들은 수년간의 법적 공방 끝에 그 유언의 무효를 확인받았고 그녀가 엄청난 유산을 상속받도록 했다. 다시금 부유해진 재클린은 뉴욕의 아파트에서 거주하며 여전히 사치할 수 있었다. 그 이후 그녀도 철저히 숨어서 살았고 불치병에 걸려 뉴욕의 아파트에서 쓸쓸히 숨을 거둔다. 운명적 사랑의 주인공인 세 사람 모두 로맨스 이후에는 행복하다고 평할 수 없는 여생을 살았다. 이런 모습을 보면서 안타까움이 일기도 하지만, 이런 이유로 누구에게나 삶은 공평하다 할 것인지 모른다.

마리아 칼라스는 오나시스와 만날 때는 양순하고 고분고분한 모습을 보여주려 애썼지만 그녀의 별명은 따로 있었다. 기자들은 성질 사나운 그녀를 '암표범 칼라스Leopard Callas'라고 불렀다. 그녀는 늘 최고로 대우해 주길 원했으며 조건이 맞지 않을 경우 벌컥 화를 내고는 매몰차게 계약을 깨뜨리기 일쑤였다. 주위 사람들도 그녀의 성질에 눌려 못이기는 척 지내야만 했다. 어머니에게도 마찬가지였다. 언젠가 그녀의 어머니가 용돈을 부쳐달라고 편지하자, 그녀의 대답이 단연 걸작이었다. "돈 벌기가 어디 쉬운 줄 아세요. 어머니는 아직도 나이가 젊으시니(당시 54세) 뭐라도 해서 자신의 삶을 살아가세요. 이런 부탁을 하시느니 차라리 아파트 창문에서 뛰어내리는 것이 어떠세요?" 이렇듯 성격 나쁜 칼라스일지언정, 한 여인으로서 오나시스에게 열정적인 사랑을 보냈고 그로 인해 여린 여심女心에 상처를 받았다. 그러나 오나시스와의 로맨스가 진행 중일 때 그녀는 늘 여유와 웃음 그리고 환희가 넘쳤다. 사랑은 사람을 이처럼 행복하고 선하게 만드는 것인지도 모른다.

재클린 케네디는 옷 입는 센스가 상당했다. 덕분에 아직까지도 사람들은 '재키스타일Jacky-Style'이라는 말을 알고 있으며 케네디 대통령 암살현장에서 재클린이 핑크색 투피스와 같은 톤의 모자를 썼다는 것을 기억하고 있는지 모른다. 언젠가 재클린이 나들이를 가게 되었는데 기자들이 그 맵시 있는 모습을 놓치지 않고 일간지에 보도했다. 그 후 전 세계의 여성들은 그녀의 우아한 가방이 구찌GUCCI 브랜드인 것을 알아채고는 그 가방을 찾아다녔다. 덕분에 아직도 유명세를 타고 있는 그 가방은 '재키백Jacky-Bag'이라고 불린다. 다른 얘기지만, 이런 일들을 보면 가방과 구두는 여성들에게 '삶의 중대사'다. 지하철 환풍구에서 치마가 휘날리는 마릴린 먼로의 모습에, 남자들은 치마가 더 흔들리기를 기대하겠지만 여성들은 마릴린의 구두가 페라가모FERRAGAMO 브랜드인 것을 알아보았다고 하니 이런 가설은 나름 증명된 셈이다.

라디오를 듣다보면 마리아 칼라스는 여전히 우리 곁에서 노래를 하곤 한다. 50년대 후반, 당시 사랑에 빠져 있던 칼라스는 곧 자신에게 다가올 비극적 운명을 예감하는 듯이 슬프지만 당당하고 도도하게 '영혼의 울림'을 들려준다. 특히 푸치니 오페라 〈토스카〉에 나오는 아리아 '노래에 살고 사랑에 살고Vissi d'arte Vissi d'amore'라는 곡은 칼라스만의 노래라고 단언하는 사람이 많다. 폭발력 있는 힘찬 목소리. 그럼에도 가녀린 듯한 부드러운 목소리, 그녀만이 낼 수 있는 멋진 노래가 아닐 수 없다. 또한 그 제목은 어쩌면 그렇게 마리아 칼라스의 삶에 딱 어울리는 것인지 감탄하게 된다. 그녀는 불꽃같이 타오른 인생을 '노래'와 '사랑'에 전부 바쳤고 스스로 '노래에 살고 사랑에 살았다'고 자신 있게 말할 수 있는 유일무이한 소프라노였다.

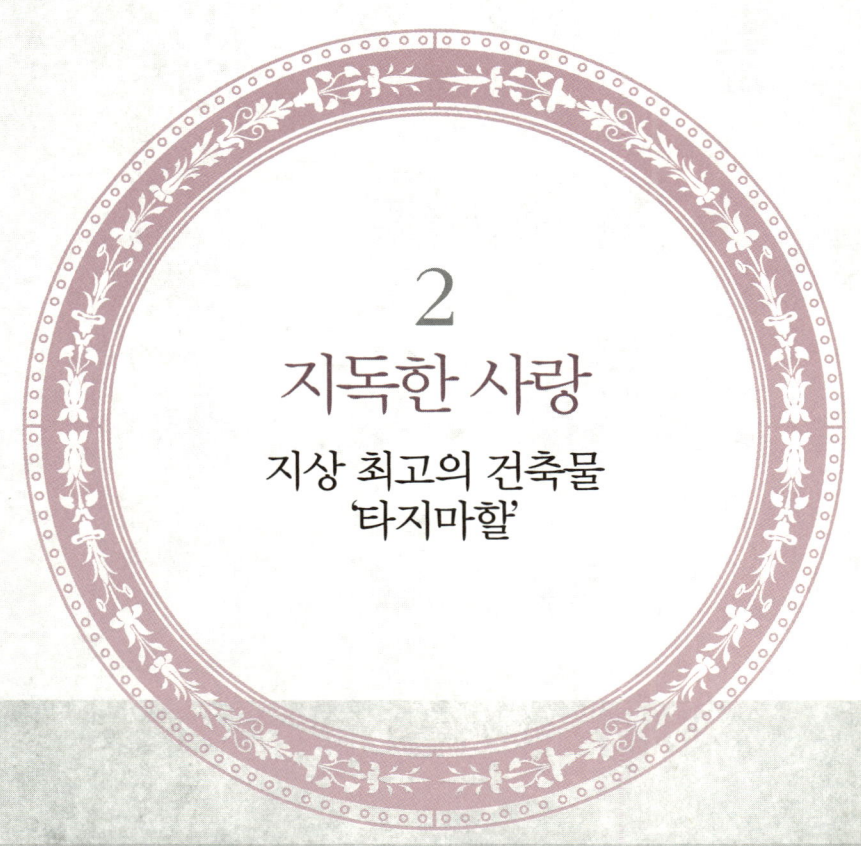

2
지독한 사랑

지상 최고의 건축물 '타지마할'

인문학 두드림 콘서트

허영심과 사치의 기막힌 유산

사람이라면 누구에게나 허영심虛榮心이라는 것이 있다. 그 허영심은 단지 여자들만의 전유물이 아니다. 무한한 권력의 허영에 탐닉한 카이사르, 연이은 승리에 따르는 허영심에 도취된 나폴레옹, 세계정복이라는 야망으로 그 허영심을 만족시켜야 했던 히틀러, 인기라는 중독성이 강한 허영심에 사로잡혔던 헨델과 미켈란젤로……. 그러고 보면 역사의 위대한 인물들이 남긴 커다란 발자취가 그 허영심 때문에 생긴 것은 아닐까 하는 생각이 든다.

한 남자가 있다. 샤 자한이라는 이 남자는 거대한 나라의 통치자였으며 무소불위의 권력자였다. 하지만 샤 자한의 이름을 기억하게 하는 것은 '미적 허영심'을 가졌던 독특하고 위대한 인물이었다는 점에 있다. 또한 그는 순애보적인 사랑으로 한 여인만을 기억하려 했던 순정파純情派이기도 했다. '타지마할이 아니고서는 샤 자한의 이름을 들어볼 수나 있을까'라고 생각할 정도로 그는 타지마할이라는 영묘靈廟의 다른 환영으로 남겨져 있다. 영원한 아름다움을 간직한 건물 타지마할을 남긴 샤 자한의 이야기가 시작된다.

타지마할, 이보다 더 아름다울 순 없다

찬란한 백색으로 빛나는 건물이 있다. '타지마할'로 불리면서, 쾌적한 강변에 흰 대리석으로 전체를 감싼 이 놀라운 건물은 인도의 상징처럼 굳어져 버렸다. 이 거대한 땅에서 수천 년간 이어온 빈곤 속에서도 유유히 건설되어 수백 년을 이어온 이 건축물 앞에 서면, 그 아름다움에 놀랄 뿐만 아니라 이러한 아름다움을 만들어낸 사람들의 이야기가 녹아있을 것이라고 으레 짐작할 수 있다. 인도 무굴제국의 영화가 녹아 있는 지상 최고의 건축물, 황제와 황후의 아름다운 사랑 이야기가 녹아 있는 건축물, 그것이 타지마할이었다.

샤 자한 Shha Jahan, 1592.1.5.~1666.1.22.(인도 무굴 제국의 제5대 황제. 1628~1658 재위)은 할아버지인 악바르의 정복사업과 아버지인 자한기르의 내치를 충실히 물려받고 풍요의 시대를 이루어갈 수 있었던 운 좋은 술탄이었다. 이미 젊은 시절을 황량한 전쟁터에서 보낸 샤 자한은 지금껏 억눌러 왔던 욕망을 실현하기 시작했다. 아버지가 일찌감치 권력투쟁에서 승리한 후 주색에 탐닉했던 것과는 달리 샤 자한은 사치스러운 생활에는 관심이 없었다. 그는 다른 시선으로 인도를 바라보고 있었기 때문이다. 그는 '아름다운 건축에 대한 욕망'으로 자신

야무나강 저편으로 보이는 순백색의 타지마할

의 인도제국을 바라보았다. 이처럼 젊은 황제 샤 자한은 여러 가지 면에서 독특했다. 그는 바로 허영심을 '아름다움'과 '순정純情'에 바쳤다. 그는 평생 동안 아름다운 건물을 지었고 한 사람에 대한 사랑을 간직했다.

샤 자한이 제위에 오른 지 4년째가 되던 해, 왕비 뭄 타즈가 갑작스럽게 세상을 떠난다. 이제껏 함께 고생해왔던 아내가 자신의 14번째 아이를 낳다가 산통을 이기지 못하고 숨을 거두었던 것이었다. '고난은 함께했어도 영화榮華는 함께하지 못했던' 그녀에 대한 그리움은 샤 자한의 가슴에 큰 그림자를 드리웠다. 결혼 20년 동안 샤 자한은 그녀에게 지고지순한 사랑을 바쳤고 성품이 아름다웠던 뭄 타즈는 그를 성실하게 내조했다. 부부로서 애틋했던 그들의 사랑 이야기는 오래전으로 거슬러 올라간다.

샤 자한이 왕자 쿠람이던 시절 궁정연회에서 소개받아 만나게 된 여인이 있었다. 재상의 딸인 '아르주만느 바누'는 크고 맑은 눈동자를 가지고 있었으며 사려 깊고 선한 성품으로 샤 자한을 사로잡았다. 쿠람과 아르주만느 두 사람의 사이는 천생연분이라고 할 정도였고 1년이 지나지 않아 결혼을 했다. 왕자의 아내 아르주만느는 궁정 사람들의 존경을 받았고 '뭄 타즈 마할Mumu taj Mahal(궁전 내의 덕 있는 여인이라는 의미로서 뭄 타즈라고 불림)'로 불리게 되었다. 하지만 왕자 쿠람의 지순한 사랑과 뭄 타즈의 사려 깊은 보살핌만으로는 부족했던 것이 왕자의 삶이었다. 왕자 쿠람은 아버지의 명령에 따라 데칸고원의 황량한 전쟁터에서 20대의 청춘을 바쳤다. 쿠람이 척박한 곳에서 젊은 시절을 보내는 동안 그의 곁에는 늘 사랑스러운 아내 뭄 타즈가 있었다. 그녀는 안락한 궁정생활을 거부하고 남편을 따라나섰으며 쿠람과 함께 기쁨과 슬픔 그리고 승리와 패배를 함께 했다.

데칸고원의 정복사업이 점차 마무리될 무렵, 정복자 쿠람왕자는 사치에 빠진 무굴제국을 구하겠다는 일념으로 늙은 아버지에게 반란을 시도한다. 하지만 늙은 아버지와 교활한 대신들은 이를 곧 알아챘고, 쿠람은 상대의 교묘한 전략에 휘말려 패배한 후 반란자로 낙인찍히게 된다. 이제 쿠람은 군대를 이끌고 정처없이 방랑할 수밖에 없었고 이때가 최대의 위기였다. 이러한 절박한 상황 속에서도 뭄 타즈는 쿠람을 격려했으며 그에게 다시 기회가 올 것이라고 위로했다. 마침내 아버지 황제가 병사病死하자 쿠람에게 기회가 왔다. 이러한 시점에서 뭄 타즈는 궁전대신宮殿大臣이었던 아버지 아자프 칸에게 도움을 요청했고 그 덕분에 쿠람은 부패한 대신들과 다른 왕자들을 물리치고 황제에 오르게 된다. 이제 왕자는 황제 샤 자한이 되었고 승리에 공헌을 했던 아내에게 더욱 애틋한 사랑을 쏟아부었다. 위대한 제국의 통치자인 두 사람에게는 끝없는 번영과 평화가 기다리고 있을 터였다. 샤 자한은 아버지가 즐겼던 향락의 연회를 금지하고 건실한 제국을 꾸려갔으며 왕비 뭄 타즈 또한 화사하고 건강한 궁정을 만들었다.

하지만 행복하던 그들에게 큰 변화가 닥친다. 아내 뭄 타즈의 죽음이었다. 그녀의 죽음은 샤 자한의 마음에 큰 공허감을 남겼으며 이제껏 절제되었던 그의 허영심을 촉발시키는 계기가 되었다. 실연의 슬픔에 잠긴 그는 뭄 타즈를 영원히 아름답게 간직하고자 했다. 샤 자한이 택한 것은 죽은 아내를 위해 '지상에서 가장 아름다운 건물'을 지어주는 것이었다. 사실 죽기 전 뭄 타즈는 "자신을 기억해줄 것, 다른 사람과 다시금 혼인하지 말아줄 것, 자신을 위한 영묘靈廟를 만들어 줄 것"을 유언으로 남겼다. 샤 자한은 건축가 무스타드 아흐마드에게 타

무굴제국의 세밀화
샤 자한과 뭄 타즈의 초상

타지마할의 입구
자세히 보면 꽃장식, 아라베스크장식과는 별도로 성스런 문구인 코란이 건물의 입구를 감싸고 있다

지마할(뭄 타즈의 궁전)이라는 묘의 건설을 명령한다. 그때 샤 자한은 그 건물이 "슬픔의 탄식을 농익게 품은 건축물, 해·달·별이 눈물을 흘릴 만한 자태를 가진 건물, 그리고 조물주의 영광이 드러날 수 있는 건축물"이어야 한다는 어마어마한 지시를 내린다.

뭄 타즈가 세상을 떠난 지금, 샤 자한은 미적 허영심을 제어할 누군가도 곁에 있지 않았으며 타지마할 건설을 통해 미적 욕망을 최대한 실현시킬 수 있었다. 그는 흰 대리석의 우윳빛 반사광을 찬미했으며 이슬람의 아라베스크문양에도 관심을 가졌다. 그는 두 가지를 조화해서 독특한 '피에트라 두라 기법(대리석에 상감으로 색색의 보석을 조각하여 넣고 온갖 문양을 연출하는 건축기술'을 만들어냈다. 막대한 양의 대리석과 보석이 건설현장으로 운송되었고 수십만 명을 동원하는 공사에 나라는 휘청거릴 정도였다.

   샤 자한은 왜 비용이 많이 들고 구하기 어려운 대리석으로 엄청난 건물 전체를 감싼다는 무모한 발상을 하게 된 것일까. 그것은 신의 조각가라고 불린 미켈란젤로가 남겼던 말을 통해 조금이나마 답을 구할 수 있다. 미켈란젤로는 누군가 왜 대리석으로 조각하는가라는 질문에 "대리석은 아름다우면서도 극단極端의 성격을 가지고 있는 매력적인 소재다. 강하면서도 깨질 듯 약하고 차가우면서도 따뜻한 느낌을 주는 독특한 소재는 대리석뿐이다"라고 말했다고 한다.

   다시 이야기로 돌아가자면, 착공 이후 무려 22년간 2만 명의 기술자가 동원되고 30여 만 명의 인부가 참여하여 이루어낸 타지마할은 이른바 아름다운 네 개의 첨탑(미나렛) 사이에 완벽한 구도로 자리 잡은 원형 돔을 가진 대리석 건물로서 '고요한 균형의 질서를 가지고 있다(정적균제靜的均齊)'고 평가받는다. 하나의 러브스토리로 탄생한 타지마할이라는 건물은 성스럽고 숭고한 아름다움을 표출하면서도 그 용도靈廟를 잘 살리고 있는 위대한 건축물이다. 미학적으로도 타지마할은 '순백으로 빛나는 찬란한 영조물'로써 상아를 깎아놓은 듯한 정교한 창살, 화려하기 그지없는 온갖 색색의 문양으로 청순한 아름다움을 뽐내며 사람들의 마음을 흔들어놓는다.

   이른 새벽이건 노을 지는 저녁이건, 정면이건 먼 거리에서건 아름다운 자태를 맘껏 빛내는 타지마할의 매력은 계속될 것이며 샤 자한이 추구한 '아름다움에 대한 집념'은 이로써 위대한 완성을 볼 수 있게 된 것이다. 또한 샤 자한과 뭄 타즈의 애틋하고 아름다운 사랑 이야

타지마할 내부의 뭄타즈의 묘. 물론 이것은 이슬람의 전통에 따라 보석으로 치장한 가묘를 만든 것이고 실제로는 타지마할의 지하에 그녀의 묘가 있다.
그녀의 왼쪽에는 샤 자한의 묘가 있다

기는 사람들에게 이 타지마할과 함께 영원히 간직될 것이다.

하지만 샤 자한의 욕망은 여기서 끝나지 않았다. 타지마할을 짓는 동안에도 샤 자한은 인도의 델리에 붉은 궁전을 짓고 있었다. 이른바 '랄 낄라(Red Fort라는 의미)'라고 불리는 거대한 건축물은 샤 자한 건축의 두 번째 걸작으로 탄생하고 있었다. 아내와의 약속을 지키려는 듯 독신을 유지했던 그는 엄청난 건축사업에 아무런 제지를 받지 않았고 점점 고집스러워지면서 자신의 허영기를 만족시키는 건축에 점점 몰입했다. 그 후 샤 자한은 지상 최대 규모의 이슬람사원을 짓겠다는 욕망을 드러냈고 이렇게 탄생한 건축물이 이른바 샤 자한 건축의 세 번째 걸작으로 꼽히는 '자미 마스지드'다.

타지마할을 완공한 지독한 사랑의 주인공 샤 자한은 또 다른 구상

샤 자한이 유폐된 무삼만 버즈에서 바라보이는 타지마할의 모습. 자신이 만들어 낸 아름다운 건물을 좁은 창으로 마냥 바라보고 있었던 그는 어떠한 심정이었을까?

델리의 랄 낄라, 샤 자한이 붉은 사암으로 이루어 낸 2번째 역작이다

자미 마스지드, 샤 자한의 마지막 걸작이라고 평가받는 이슬람사원건물이다. 건축비용이 부족해 결국 공사가 중단되었고 아들인 아우랑제브가 완공했다

을 세운다. 이번에는 자신의 영묘인 '제2 타지마할'이었다. 타지마할의 강 건너편에 세워질 그 건물은 검은색 대리석으로 치장될 것이며 제국의 모든 자원이 총동원될 것이었다. 하지만 이러한 욕망은 실현되지 않았다. 이미 나라의 재정은 파탄난 상태였고 곳곳에서 반란과 혼란이 시작되고 있었던 것이다. 국민들은 더 이상 몽상에 빠진 황제

를 달가워하지 않았고 왕자들은 내란을 일으켰다. 반란의 선두에 섰던 아우랑제브 왕자는 병든 아버지를 '사치스런 미친 황제'로 몰아세워 폐위했다. 그 후 샤 자한은 모든 건축계획을 포기한 채 좁은 별궁에서 처참한 여생을 살았다. 그의 벗이라고는 어머니의 성품을 닮은 공주 한 사람뿐이었다. 한때 위대한 건물들을 지어 세상의 온갖 찬탄을 받았던 샤 자한은 자신이 지은 타지마할을 바라보며 감금생활을 했다. 이제는 이룰 수 없는 '아름다운 건축물에 대한 욕망'과 '지독히 사랑한 뭄 타즈와의 추억' 그리고 '순백색의 타지마할에 대한 찬미'를 함께하면서 말이다.

탐미주의자의 지독한 사랑

한 사나이가 있었다. 부유하고 힘 있던 샤 자한은 아름다움에 도취되어 있었다. 그의 건축 욕망에 나라가 흔들릴 정도였다. 그의 냉혹한 아들이 쫓아낼 때까지도 그는 마지막 건축에 여념이 없었다. 그는 자신이 원하는 대로 세상에서 가장 아름다운 건물을 남겨놓았다. 하지만 허영심의 끝은 비참했고 자신과 나라는 함께 고통받았다.

그런데 훗날 타지마할을 찾는 사람들은 왜 그를 애틋하게 기억하곤 하는 것일까. 그것은 '위대한 건축물'을 향한 고결한 욕망과 한 여인을 향한 지순한 순애보가 간직되어 있기 때문이 아닐까. '희대의 건축광'으로 역사에 남았지만 그의 삶에는 늘 아름다움이 숨 쉬고 있었다. 찬란한 건축물 타지마할과 사랑스러운 아내 뭄 타즈에게 그의 숨결은 늘 고아한 맥박을 이어가고 있는 셈이다. 지독한 사랑으로 영원히 기억될 수 있도록 말이다.

인문학 숲의 단상

어떻게 타지마할은 건재하게 남아 있을 수 있었을까. 왜 인도인들은 지도자의 착취라고 생각하며 그 상징과 같은 건물을 허물지 않았을까? 종종 밀려오는 빈곤의 흐름 속에서도 인도인들은 왜 그 건물을 무너뜨리려 하지 않았을까? 타지마할을 마주하면서 그 이유를 알 것 같았다. 그것은 건물의 아름다움과 그 속에 담긴 사랑 이야기가 있었기 때문이었다. '아름다움은 영원하다 The Beautiful is eternal'라는 명제처럼 타지마할은 건물의 아름다움과 사랑이야기의 아름다움을 둘 다 간직하고 있었다.

삶은 반복되는 특이한 점을 보여준다. 엄마처럼 살지 않겠다던 독립심 강한 딸은 어느새 자기 엄마처럼 변해가는 것에 놀라기도 하고, 아버지처럼 되지 않겠다던 반항적인 아들은 어느새 그 아버지의 말투와 태도로 아들을 훈계하는 자신을 발견하게 된다. 건축광인 샤 자한에게서 인도를 구해낸 아들 아우랑제브 황제도 말년에 들어 자신의 도시 '아우랑가바드'의 건설과 아내를 위한 영묘건설에 많은 국고를 탕진하고 말았다. 이렇기에 피는 속이지 못한다고 하던가.

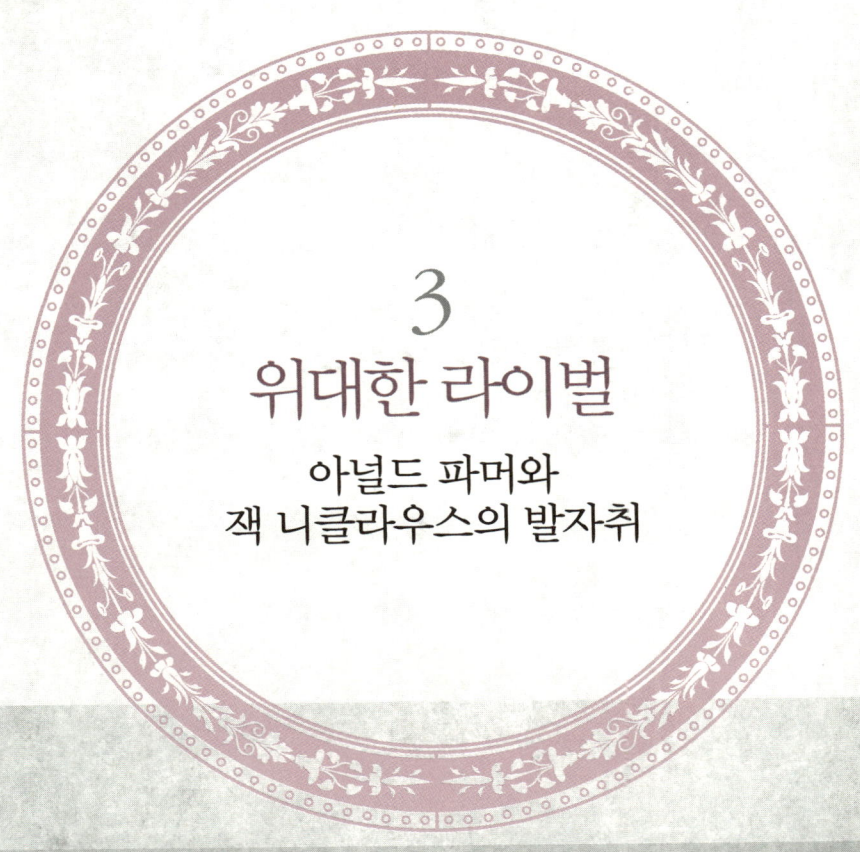

3
위대한 라이벌

아널드 파머와
잭 니클라우스의 발자취

인문학 두드림 콘서트

골프는 인생이다

Golf Is Life! 많은 프로골퍼들이 즐겨 했던 말이다. 매일의 삶을 통해 경험하는 희망과 도전, 실패와 시련, 후회와 반성, 극복과 성취, 성공과 영예 그리고 쇠락과 은퇴……. 그 모든 것이 골프에 고스란히 녹아 있기 때문이다.

지금도 많은 사람들에게 골프라는 것은 단지 사치스러운 여가에 불과할지 모르지만, 골프에 모든 것을 걸었던 '두 사람'에게 골프는 꿈을 이룰 수 있게 하는 멋진 '삶의 무대'였다. 물론 갤러리들의 찬사를 받는 화려한 그린 위에서 그들은 숱한 좌절을 겪기도 했다. 하지만 골프에 자신의 모든 것을 바쳤기에 그들은 아쉬움이 없었고 그린 위에서 펼쳐진 하나의 멋진 이야기로 많은 이들에게 기억되고 있다. 골프라는 것에 '올인All-in' 했던 두 사람, 자신의 모든 인생을 골프와 함께 했고 마침내 찬란한 그린 위의 전설로 남게 된 두 사람, 바로 아널드 파머와 잭 니클라우스다.

전설의 예고편

1945년, 제2차 세계대전이 끝난 뒤에도 미국인들은 아직 흥분이 채

식지 않은 상태였다. 전쟁이라는 참화를 겪은 세대였기에 평화에 대한 애착이 누구보다도 강했던 당시의 미국인들은 평화의 나라를 다시 만들기 시작했다. 그들은 쉬지 않았으며 특유의 열정으로 소소한 일상에까지 많은 관심을 쏟아부었다.

그렇게 바빠진 미국인들에게 다소 숨통을 열어준 것은 '베이비 붐'이라는 끈끈한 가족애와 선풍적인 인기를 모은 야구 그리고 꾸준한 사랑을 받으며 성장한 신사스포츠 골프였다. 특히 그 중에서도 골프는 떠오르는 화제거리였다. 이제껏 부자들의 사치로 여겨지던 골프는 점차 대중화되며 새로운 골프 신화를 예고하고 있었다. 전쟁으로 중단되었던 브리티시오픈, US오픈이 다시 시작되었고 미국인들은 예전에 그들의 가슴을 벅차게 했던 바비 존스나 월터 헤이건, 진 사라젠의 화려한 플레이를 떠올리며 골프에 관심을 키워갔다. 또한 골프가 TV로 중계되면서 더욱 사람들과 가까워졌다. 이 시대는 바야흐로 'TV의 시대'였고 '골프의 시대'였다.

이제, 답답한 경기규칙과 단조로운 경기진행이라는 골프의 약점은 '다이너믹하고 깊이 있는 스포츠'라는 이미지로 충분히 커버되었다. 또한 그 시대를 빛낸 골퍼들의 활약도 사람들의 관심을 끌기에 충분했다. 정확한 샷으로 '이 시대의 골퍼'라 불린 바이런 넬슨, 엄청난 노력으로 인간의 한계를 극복해낸 벤 호건, 부드러운 스윙과 천부적인 리듬감각을 가졌던 천재골퍼 샘 스니드, 세 사람은 '빅 쓰리Big Three'로 불리며 화려한 '골프의 시대'를 열어나갔다.

대통령 아이젠하워조차 골프 생각만 하던 그때, 소시민조차 메이저 대회의 갤러리 참관을 인생의 소원으로 생각하던 그때, 이미 미국은 골프의 본고장이었던 영국을 제치고 하나의 골프왕국이 되어 골프신

드롬에 빠졌다.

1958년, 골프를 향한 미국인들의 사랑과 선배 골퍼들의 노하우를 물려받은 '두 거인'의 등장으로 영원히 기억에 남게 될 '그린 위의 전설The Legend on Green'은 시작된다. 두 사람은 골프에 대한 세인의 관심을 절정에 이르게 했고 화려한 플레이와 신화적인 업적은 골프의 새로운 지평을 열었다.

패기의 혁명가 아널드 파머, '파머의 시대'를 열다

1950년대 초, 벤 호건이 교통사고를 극복하고 그랜드 슬램을 달성하고 샘 스니드가 메이저대회들을 석권하면서 신문의 헤드라인을 장식하고 있을 때, 프로골퍼였던 아버지로부터 인생의 전부인 양 골프를 배우던 청년이 있었다. 그는 아널드 파머Arnold Dariel Palmer, 1929.9.10.~ 였다. 아버지는 아들의 천재성을 알면서도 대학에서 다른 공부를 하도록 했고 섣불리 프로골퍼의 길을 열어주지 않았다. 그러나 파머는 골프에 대한 애착을 놓지 않았고 스스로 길을 열어 아마골퍼로 커갔다. 1954년, 25세의 당돌한 파머는 US아마추어 골프대회에서 우승함으로써 골퍼의 길에 들어섰고 곧 프로골퍼로 전향했다. 그가 29세가 되던 해인 1958년, 파머는 가장 주목받는 메이저경기인 마스터즈대회에서 기라성 같은 프로골퍼를 제치고 당당히 우승함으로써 세인의 많은 주목을 받게 된다. 당시까지도 빅 쓰리Big Three라는 골퍼들에 대한 애착이 남아 있었기에 이 신인에 대해서는 반신반의하는 사람들이 많았지만 천재적인 골퍼기질을 가졌던 파머는 1962년까지 US오픈(1960), 마스터즈대회(1960, 1962), 브리티시오픈(1961, 1962) 등 수많은 메이저 골프대회를 내리 우승하면서 자신의 실력을 확신시켰고 프로골퍼로서 성공했다.

파머는 항상 정열적으로 경기에 임했으며 '후려 패는' 스타일의 티샷과 '과감한' 어프러치를 선보였다. 그가 그린에 들어섰을 때는 '링 위에 올라서는 복서'를 연상시켰고 동료 골퍼들 사이에서도 "저돌적이다"라고 평가받았다. 하지만 그러한 파머의 모습은 일반인들에게는 친근감을 주었다. 파머는 '골프란 즐기는 것'이라는 생각을 갖고 있었으며 밝은 미소와 함께 세련된 옷차림과 깔끔한 헤어스타일을 보여줌으로써 멋없는 골퍼의 이미지를 세련된 신사의 이미지로 바꾸어나갔다. 파머는 늘 여유 있게 경기를 진행했고 갤러리들에게 친근히 말을 걸곤 했다. 어느덧 파머는 대통령만큼이나 많은 인기를 누렸다. 다만, 그의 스윙폼Swing Form에 대해서는 말이 많았다. 자유롭고 편한 것을 고집했던 파머는 프로골퍼들의 경직되고 부자연스러운 폼에서 벗어나 자신이 가장 자연스럽게 스윙하는 자세를 보여주곤 했다. 무릇 '스윙은 어떻게 하라', '그립은 이렇게 잡고 시선을 이렇게 하라' 등등의 시시콜콜한 주문들을 무시하는 듯이 파머의 스윙은 자신만의 '파머스타일Palmer-Style'을 고집하는 듯 보였다. 이처럼 파머의 한층 깨어 있는 골프스타일에 대해 많은 골프 애호가들은 일종의 해방감을 느꼈고 파머에게 찬사를 보냈다. 평소 스윙에 신경을 쓰던 케네디 대통령조차도 파머의 골프스타일에 공감을 느껴 "내가 스윙하는 것을 찍어 파머에게 보내면 친근하게 그 문제점을 지적해 주겠지" 하며 백악관 사진기자를 귀찮게 하기도 했다.

다만, 골프전문가들이 지적하는 대로 파머는 경기마다 기복이 심했고 우승횟수도 많은 편이 못 되었다. 천부적이라고 평가받았던 그의

갤러리에 둘러싸여 티샷하는 파머. 매력적인 골퍼 파머를 광적인 갤러리들로부터 보호하기 위한 경호원과 펜스가 따로 있었다고 한다

골프실력에 비해 우승 경력이 적은 것은 그의 약점이기도 했다(이러한 점은 니클라우스와 크게 비견되는 점인데, 두 사람의 성즈 차이에서 비롯된 것이리라). 그러나 파머의 호탕한 경기스타일을 아는 사람들은 '우승 횟수라는 것은 숫자에 불과하다'라며 즐겁게 관전했그 파머 주위를 둘러싸며 갤러리가 되었다. 이들은 '파머의 군대Arnie's Army'라고 불리며 파머의 자유로운 골프를 응원했다. 파머는 승리에 집착하지 않고 관중이 원하는 플레이를 보여줬으며 골프의 귀족적인 이미지를 벗겨가며 골프가 '시원한 맥주 한 잔을 나누는 것처럼' 즐거운 게임이라는 점을 대중에게 각인시켰다.

파머의 화려한 독주는 60년대 초 그가 숱한 메이저대회를 극적으로 우승함으로써 더욱 탄력을 받았다. '나는 골프를 몰라요, 하지만 아널드 파머가 어떤 사람인지는 직접 보고 싶어요'라는 맹목적인 갤러리까지 동원하는 기대 이상의 호응을 얻었다. 그는 '골프의 시대' 중심에 있었으며 사람들의 사랑을 한 몸에 받았다. 바야흐로 '파머의 시대'라 불릴 만했다.

청년 잭 니클라우스, 새로운 신화를 쓰다

아널드 파머가 많은 골프대회에서 우승하며 1960년대를 화려하게 열어가고 있을 때, 파머도 예상하지 못한 거인巨人이 등장하고 있었다. 그는 캐디였던 아버지의 컴플렉스 탓에 어린 시절부터 엄격한 훈육을 받으며 프로골퍼로 성장하고 있었다. 그 청년의 이름은 잭 니클라우스Jack William Nicklaus, 1940.1.21.~였다. 니클라우스는 샘 스니드나 벤 호건이 이룩한 골프신화를 직접 보고 자랐으며 소년 시절에는 아널드 파머라는 인기 골퍼를 우상으로 삼으며 연습을 게을리 하지 않았다. 오하이오 주립대학에 진학한 지 얼마 지나지 않던 19세 청년 니클라우스는 1959년 US아마추어오픈에서 우승함으로써 전설의 시작을 알렸다. 그 다음해 스무 살의 나이로 프로골퍼가 된 그는 놀랄 만한 신예로서 다른 프로골퍼들의 관심을 샀고 '루키 프로페셔널Rookie Professional'로 불렸다. 그는 6피트의 거구에서 뿜어져나오는 엄청난 비거리의 드라이버 샷, 감탄을 연발하게 하는 정확한 어프러치, 과감하고 정교한

1970년대, 전성가도를 달리며 '골프황제'로 군림한 잭 니클라우스

퍼팅감각 3박자를 모두 갖춘 골퍼였다. 니클라우스는 천재적인 골퍼의 자질을 가진 나이 어린 청년이었음에도 쉽게 자만하지 않았으며 징크스 같은 사소한 감정싸움에 휘둘리지 않는 주도면밀함도 갖추고 있었다. 프로골퍼들은 이 청년의 '주도면밀함'과 '집중력'을 높이 샀으며 종종 두려워했다. 이처럼 20대 초반의 니클라우스는 천부적인 재능과 엄청난 정력 그리고 예민한 감각과 침착한 평정심을 갖추었던 것이다. 그의 엄청난 자질을 예감한 골프 칼럼니스트들은 그가 반드시 놀라운 성과를 이룰 것이라고 단언하며 그의 성장을 숨죽이며 지켜보고 있었다.

그러던 니클라우스에게 이제, 우상이었던 아널드 파머와 격돌하는 운명적인 순간이 다가온다. 아무도 니클라우스가 파머의 적수가 되리라고 예상하지 않았다. 오직 니클라우스 자신만이 그러한 사실을 예상하고 있는 듯했다.

1962년 6월, US오픈에는 유독 많은 관심이 몰렸다. 파머가 2년 전처럼 다시 우승하리라 확신하는 갤러리들이 몰려들었고 골프 전문가들은 떠오르는 신예 니클라우스가 어떤 폭풍을 몰고 올 것인가 짐짓 기대하는 눈치였다. 유난히 더웠던 그 여름대회에서 파머는 과감한 플레이로 앞서나갔고 갤러리들은 파머의 플레이를 설레는 마음으로 바라보았다. 하지만 무섭게 쫓아오는 22세의 루키골퍼 니클라우스의 저력도 만만치 않았다. 니클라우스는 중견의 유명한 선수들과 맞대결을 펼치면서도 한 점 흐트러짐 없이 버디를 챙겨갔으며 그의 침착한 플레이는 주위를 점점 놀라게 만들었다. 파머의 갤러리들은 초조해졌다. 그들은 니클라우스가 파머의 우승에 방해가 될 수 있다는 사실을 예감하고 니클라우스가 플레이를 하는 곳으로 다가가 "야,

이 뚱보야"라고 소리쳤으며 그가 샷을 하는 동안 "우~~" 하는 비아냥거림의 응원을 서슴지 않았다. 당시 신문에서 전하듯 1962년 US오픈 갤러리들의 관전 태도는 그야말로 최악이었다. 그러나 니클라우스는 녹록치 않은 신예였다. 온갖 방해공작을 받으면서도 그는 소란 피우는 갤러리들을 가끔 둘러보면서 평온하게 플레이했고 파머와 동타로 18홀 경기를 종료했다.

1962년 6월 17일, 파머와 니클라우스는 연장전에서 다시 만난다. 그들은 서로에게 두려움을 느끼며 한 홀씩 조심스레 플레이를 펼쳤다. 노련한 파머는 공격적인 어프로치를 선보이면서 우승 기대를 불러일으켰다. 하지만 파머에 대한 기대에도 불구하고 니클라우스 또한 과감한 플레이로 파머에게 응수하기 시작하면서 경기의 열기는 절정에 달했다. 그동안 파머의 경기를 통해 파머만의 플레이를 자연스럽게 흡수한 이 루키는 갤러리들을 침묵에 잠재웠고 불가능해 보이는 홀에서도 버디를 쉽게 성공시켰다. 경기는 막바지에 이르고, 니클라우스가 1언더파인 71타로 경기를 종료한 후 초조하게 그린에 남겨진 파머는 갤러리의 기대에도 불구하고 컨디션난조를 보이며 2오버파인 74타로 경기를 끝냈다. 니클라우스의 메이저대회 첫 우승이었다! 당시 이름도 없었던 루키 니클라우스가 골프계의 신화인 파머를 3타차로 이긴 것이었다. 니클라우스는 갤러리의 환호를 받으며 1만 7,500달러의 상금과 트로피를 품에 안았다. 그러나 그 무엇보다 최고의 수확은 니클라우스가 우상으로 삼았던 파머라는 거인을 US오픈이라는 험난한 대회에서 이겼다는 점이었다.

이제 스무 살을 갓 넘긴 니클라우스에게 언론과 골프계의 찬사가 쏟아졌다. 사람들은 니클라우스가 바비 존스처럼 살아 있는 전설이

1963년, 마스터즈대회에서 사상 최연소로 우승하여 세상을 깜짝 놀라게 한 잭 니클라우스, 그 옆은 전년도 우승자 아널드 파머.

되기를 바랐다. 1963년 마스터즈대회, 오직 초청된 선수만이 참가할 수 있는 거인들의 대회에서 니클라우스는 기대를 저버리지 않고 자신의 진면목을 다시금 과시했다. 색맹이었던 그는 경기 중에 스코어보드를 보며 캐디에게 이렇게 물었다.

"윌리, 지금 붉은색으로 앞서가는 사람이 몇 명이나 있지?"

"잭, 너뿐이야."

이내 자신감을 얻은 그는 뛰어난 플레이를 펼쳐 큰 타차로 우승했다. 시상식에서 니클라우스는 골프영웅 바비 존스가 바라보는 가운데 지난해 우승자 아널드 파머가 입혀주는 그린재킷을 걸쳤다. 어린 시절부터 그가 늘 우러르던 두 골프영웅들로부터 인정을 받게 되는 감격적인 순간이었다.

골프계의 역사를 써내려간 진정한 라이벌

파머 또한 이 라이벌을 보고만 있지는 않았다. 니클라우스가 자신의 명성을 유유히 가로채는 동안 파머는 때를 기다리며 노력을 게을리하지 않았다(파머 스스로도 당시를 회상하며 '니클라우스가 없었다면 자신이 더욱 노력하지 않았을 것'이라고 술회했다).

이제 다시 때가 되었다. 1964년, 지난해 니클라우스에게 그린재킷을 입혀주었던 그 마스터즈대회에서 파머는 왕년의 플레이를 재현하며 니클라우스를 꺾고 우승을 차지했다. 파머는 모든 이들을 흥분에 빠뜨렸고 신예들의 도전을 조용히 잠재웠다. 파머는 이제껏 마스터즈대회에서는 4회나 우승함으로써(1958, 1960, 1962, 1964) 유독 강한 면모를 보였으며 스스로도 이 대회에 대해 큰 애착을 갖고 있었기에 우승의 가치는 더욱 컸다. 그는 떠오르는 신예 니클라우스와 맞설 수 있는 유일한 거인이었다. '한물간 영웅'이라는 취급을 원치 않았던 파머는 이번 우승으로 자신이 건재하다는 사실을 사람들에게 보여주었다. 많은 골프팬들은 파머의 우승으로 다시금 그를 기억하게 되었으며 앞으로 새로운 빅 쓰리Big Three의 시대(아널드 파머, 잭 니클라우스, 게리 플레이어)가 열릴 것을 기대했다. 물론 그러한 기대는 얼마간 세 선수의 눈부신 활약으로 점차 현실화되어 갔다. 다만, 이러한 기대는 다른 두 선수에 비해 체력저하가 눈에 띄게 두드러졌던 30대 중반의 파머에게 가혹한 면이 없지 않았다.

어쨌든 이번에는 니클라우스가 설욕할 차례였다. 파머만큼 니클라우스 또한 '진정한 프로만의 대결'이라는 마스터즈대회의 가치를 잘 알고 있었다. 1965년, 우승을 위해 다시 2년을 준비한 니클라우스는 더 이상 젊은 루키라고 불리지 않았으며 거장다운 면모로 파머를 꺾고 당당히 승리해 우승자의 그린재킷을 입었다. 경기 종료 후 파머는 결과를 겸허히 받아들이고 니클라우스의 우승을 축하해주었다. 그리고 그 다음해인 1966년에도 니클라우스는 마스터즈대회를 평정한다. 이제 어느 누구도 2년 연속 마스터스를 우승한 니클라우스를 '머리 노

란 풍보 애송이'라고 생각하지 않았고 새로운 골프황제의 탄생을 받아들일 수밖에 없었다.

파머는 그 이후로도 유명 메이저대회 우승을 노렸지만 더 이상은 우승하지 못했다. 이를 본 사람들은 "파머의 시대가 끝났다"고 했다. 하지만 파머의 팬들은 파머가 다시금 부활하여 그 시원한 플레이를 보일 것이라고 믿었고 그런 기대 덕분인지 파머는 그 후 10년 동안 프로골퍼로 활동했다. 파머는 자신의 20여 년 선수생활 동안 PGA가 공인하는 61개 대회를 우승하는 기록을 남겼다. 그러나 시간에는 한계가 있는 법. 파머가 1950, 60년대를 화려하게 수놓았다면 다음은 니클라우스의 시대였다. 경쟁자가 사라진 니클라우스는 점차 선수생활의 안정을 찾아가면서 순탄하게 승부욕을 성취해갔다. 그의 경쟁상대는 거의 없는 듯 보였다. 그 후 니클라우스는 마스터즈대회 우승 6회(1963, 1965, 1966, 1972, 1975, 1986), US오픈 우승 4회(1962, 1967, 1972, 1980), PGA선수권대회 우승 5회(1961, 1971, 1973, 1975, 1980), 브리티시오픈 우승 3회(1966, 1970, 1978) 등 총 메이저 18회 우승이라는 그랜드슬램을 달성했다. 그는 PGA 공식 경기에서 무려 71회나 우승하면서 '골프의 제왕'이라는 칭호를 얻었다. 실로 엄청난 기록이었다.

물론 니클라우스가 그렇게 성공 가도를 편안히 달린 것만은 아니었다. 영원한 라이벌이었던 파머가 사라지자 그는 얼마간 '승자의 혼미'에 빠지기도 했다. 니클라우스를 골프황제의 길로 이끈 영광의 마스터즈대회에서도 무려 7년 여간 우승하지 못했고 다른 메이저대회에서도 게리 플레이어 등에게 우승을 내주어야 했다. 컨디션난조라는 개인적인 문제와 아내의 유산流産이라는 가정문제도 생겨 60년대 후반

1966년, 브리티시오픈에서 우승하며 그랜드슬램을 달성하는 니클라우스. 얼마 후 그는 1967년 '올해의 PGA골프왕'에 오른다

큰 슬럼프에 빠진 적도 있었다. 그러나 얼마 뒤 니클라우스는 보란 듯이 재기했으며 1972년 US오픈 우승, 마스터즈대회 우승으로 골프황제의 면모를 다시금 다져나갔다. 그 후 '올해의 PGA골프왕'에 4회(1972, 1973, 1975, 1976)나 선정되면서 1970년대 골프계를 평정했던 젊은 지존至尊이 되어갔다.

평소 건강관리와 사생활에 큰 기복이 없었던 니클라우스는 1980년 초반까지도 숱한 골프대회에서 우승함으로써 40세라는 나이를 무색케 할 정도로 정력적으로 자신의 성과를 이루어갔다. 그러나 1980년대에 들어서자 이 골프황제 또한 다음 사람을 위해 시간의 자리를 비워주어야 할 때가 왔다. 이제 새로운 신예들인 톰 왓슨이나 베른하르트 랑거, 닉 팔도 등이 차차 떠오르고 있었다. 1980년대 중반까지도 현역으로 활동하던 니클라우스에게 메이저대회 우승은 불가능한 듯 보였고 점차 은퇴설이 나돌았다. 물론 파머보다도 더 많은 성과를 이루어낸 니클라우스였지만 아직도 자신은 프로골퍼로서 경기를 할 수 있다고 믿었다. 그러나 더 이상은 무리라는 것이 지배적인 견해였다. 이제

1972년, 슬럼프에서 벗어나 재기에 성공하면서 US오픈에서 우승한 니클라우스

모두들 니클라우스마저 한물간 선수라고 보았으며 다른 선수들의 시대가 되었다고 공공연히 이야기했다.

그러던 중, 그는 결국 사고를 친다. 1986년 여름 마스터즈대회가 시작될 무렵, 46세의 노(老)선수 니클라우스는 아들을 캐디로 삼아 그린에 모습을 나타냈다. 힘겹게 골프클럽을 메고 오는 니클라우스 부자(父子)의 모습을 보고 "참가에 의미를 두는 것은 좋지만 정 선수를 하고 싶으면 파머처럼 시니어대회에나 나가라"고 말하는 사람들이 있을 정도로 언론에서도 니클라우스의 대회 참석에 비중을 두지 않았다. 그러나 점차 경기가 진행되면서 재미로 니클라우스를 따라다니던 갤러리들은 그의 플레이에 입을 다물지 못했다. 20여년 전 우승한 그 필드에서 니클라우스는 왕년의 기력을 되찾은 듯 자신의 능력을 폭발시켰고 세심하고 주도면밀한 플레이로 신예들을 모두 물리치고 우승한 것이다. 6년 무관(無冠)의 설움과 무관심을 벗고 골프황제의 마지막 호령을 듣는 순간이었다.

은퇴설이 나돌던 골퍼가 벌인 그 사건 이후, 아무도 니클라우스의

1986년, 46세의 나이에 다시금 마스터즈대회 우승이라는 패업을 달성한 니클라우스

메이저대회 참가를 비아냥거리지 못했다. 니클라우스는 유유히 자신의 40여년 선수생활을 이어갔고 150여회 메이저대회 참가라는 경이로운 기록을 세웠다. 어린 시절부터 시작해 지금 환갑이 넘는 나이까지 여전히 골프를 치고 있는 니클라우스는 자신의 모든 인생을 골프와 함께한 전설적인 프로골퍼가 되었다.

한편, 니클라우스의 라이벌인 아널드 파머는 1975년 공식 은퇴한 후 1980, 1981년 PGA 시니어오픈대회에서 내리 우승하며 자신의 건재를 알렸다. 그리고 골프계의 연장자로서 골프에 대한 대외홍보나 기금마련 등의 활동에 큰 성과를 일구었다. 또한 파머는 골프용품 사업가로도 변신해 큰 성공을 거두었다. 그의 원만한 성품에 기초한 폭넓은 인간관계는 사업에 큰 밑거름이 되었다.

찬란한 녹색으로 빛나는 그린 위에서

그들은 자신과의 싸움인 골프의 세계를 거닐면서 늘 함께 있었던 동반자이자 서로의 장단점을 지적해가며 상대의 가능성을 열어준 라이벌이었다. 그들은 상대를 의식하며 더욱 노력했으며 골프에 모든 것을 걸고 선의의 경쟁을 보여준 신사였다. 지금까지도 노년에 접어든 두 사람은 상대에 대해 "파머야말로 이 세상에서 가장 멋진 골퍼", "니클라우스는 20세기가 낳은 최고의 골퍼"라고 서로를 평하곤 한다.

이제 시간이 덧없이 흘러 '파머의 시대', '니클라우스의 시대'는 지나갔지만 거인들의 발자취는 아직도 골프팬들을 설레게 한다. 저 멀리 작은 홀컵 위 펄럭이는 깃발을 향해 그들은 도전했고 실패했으며 새로운 집념으로 노력을 거듭하여 마침내 성취했다. 그들이 이루어낸 전설은 그들의 호쾌한 티샷소리로 기억되며 여전히 그린 위에 잔향을 남기고 있다. 골프에 더 많은 프로선수가 나오고 보다 뛰어난 기록이 나오기도 하는 요즘, 문득 파머와 니클라우스가 떠오르는 이유는 무엇일까.

파머와 니클라우스만큼 골프의 명승부를 자주 보여준 플레이어도 드물다. 그들은 골프를 통해 완성된 인생을 그려보였고 인생 전부의 값어치를 선사하곤 했다. 두 사람은 골프의 새 지평을 열었고, 골프에 대한 관심과 사랑을 불러일으킨 장본인이었다. 파머와 니클라우스, 그들은 라이벌이었다. 시오노 나나미가 말하듯 적과는 서로 주고받으며 타협점을 찾을 수 있지만 라이벌과는 "늘 서로의 장단점을 파악하기 바쁜 팽팽한 긴장상태"다. 그렇게 힘겨운 라이벌관계였음에도 두 거인은 늘 상대보다 더 나은 플레이, 더 멋진 플레이를 하기 위해 자신

여전히 갤러리들의 인기를 누리며 노익장을 과시하는 파머

파머에 뒤질세라 여전히 왕년의 기력을 자랑하는 잭 니클라우스

을 다듬어갔다. 그들은 라이벌관계를 통해 상대의 장점을 인정하고 배울 줄 아는 도량 또한 키웠다. 그들은 유래가 없는 라이벌 관계를 통해 경쟁 속에서도 윈윈Win-Win 게임이 가능하다는 것을 보여주었다. 그 찬란한 녹색으로 빛나는 그린 위에서.

인문학 숲의 단상

아널드 파머가 누렸던 영예와 인기는 어디에서 비롯되었을까. 많은 사람들이 파머의 성공에 대해 주저 없이 '숨은 노력'과 '원만한 성품'을 꼽는다. 파머는 다혈질적이고 정열적인 성격에 비추어보건대 '기복'이라는 슬럼프를 배제할 수 없었다. 그러나 그는 늘 보이지 않는 노력으로 그러한 슬럼프를 극복해갔다. 갤러리의 찬사 뒤에서 그는 티샷과 퍼팅을 수없이 연습했다. 한번은 소년이었던 니클라우스가 연습을 하기 위해 필드를 찾았다. 그날은 유독 비가 많이 내려 사람이 별로 없었다. 니클라우스가 연습을 할까 말까 고민 중이었을 때, 누군가 그린 위에서 퍼팅연습을 하고 있는 것을 보았다. 그는 옆 사람에게 도대체 저 정신 나간 연습광이 누구냐고 물어보고는 곧 입을 다물었다. 아널드 파머였던 것이다. 파머의 다른 재능은 사람을 대할 줄 아는 태도에 있었다. 그러나 그것은 단지 약삭빠른 처세술이 아니라 원만한 성품에 기초한 것이었다. 파머는 늘 우정을 강조했으며 동료골퍼들에 대해서 칭찬을 할 줄 알고 갤러리들의 찬사를 넘겨들을 줄 아는 큰 도량을 가지고 있었다. 골퍼들과 경쟁을 계속하면서 그가 느꼈을 경쟁심과 시기심, 그리고 아집 등을 스스로 극복했다는 점이 훌륭하다. 그가 훗날 사업가로 성공을 이루고 사회주의 국가 중국에 최초로 메이저골프장을 만들었던 것은 '파머 스타일'이라고 하는 그만의 성품과 돈독한 인간관계가 있기에 가능했다.

그리고 또 다른 거인, 잭 니클라우스의 전설과도 같은 성공에 대해 '에이스론論'이라는 비결이 있다. 바로 '부와 명예의 성취를 의미하는 다이아몬드 에이스♦', '도전과 패기를 상징하는 스페이드 에이스♠', '사랑과 행복을 상징하는 하트 에이스♥' 그리고 '지인들에 대한 관심과 그들과의 우정을 상징하는 클로버 에이스♣' 네 가지다. 그 네 가지 에이스를 가졌던 사람, 늘 새로운 목표를 세우고 노력하며 가족을 사랑하면서도 동료들과의 우정을 존중할 줄 알았던 젊은 청년 니클라우스는 그렇게 해서 전설적인 거장으로 성장하게 되었다. 골프에서의 성공이라는 것은 물론 대회우승 확률과도 직결되는 문제다. 그렇다면 골프황제 니클라우스의 승률은 어느 정도였을까. 니클라우스는 이렇게 술회한다. "약 30% 정도일 겁니다. 전성기의 저도 10번 경기에 나가 7번은 지곤 했으니까요." 30%의 가능성을 위해서 늘 도전하고 그리고 패배하면서 쓸쓸하고 외롭게 돌아서곤 했던 골프의 거장은 어떤 심정이었을까. 그렇다면 도대체 골프라는 것에 비해 삶이라는 것은 과연 어느 정도의 성공률을 보여주는 것일까.

선의의 경쟁은 지금도 계속되고 있다. 파머는 은퇴 후 레저, 스포츠용품 사업을 시작했고 여러 분야 중에서 스포츠웨어로 특화해 큰 성공을 거두었다. 그가 전성기에 있을 때, 그를 늘 사랑해주던 갤러리들의 4색 양산에서 힌트를 얻은 그의 브랜드 이미지는 곧 세계적으로 알려졌고 골프장 어디에서건 그 옷들을 볼 수 있다.

그의 영원한 라이벌 니클라우스 또한 파머에 뒤지는 사람이 아니다. 니클라우스는 많은 부를 사회에 환원하는 한편 스포츠웨어 사업을 시작해 성공했다. '골든 베어Golden Bear'라고 다소 불명예스럽게 불렸던 그의 별명에서 착안한 금곰 브랜드 이미지는 널리 알려지게 되었다. 또한 한발 앞서가는 니클라우스는 이미 선수시절부터 골프코스에 대해 연구하기 시작했으며 골프장설계 및 디자인과 관련한 사업성을 내다보고 '니클라우스디자인Nicklaus Design'이라는 회사를 운영하며 세계적인 골프코스 디자인 회사로 성장시키고 있다.

'골프의 시대'에 골프는 골퍼만이 즐기는 운동이 아니었다. 1971년 2월 9일 우주비행사 앨런 스퍼드가 아폴로 11호를 타고 달에 가서 6번 아이언으로 공을 쳤다는 사실은 당시 미국 사회에서 골프가 어떻게 받아들여지고 있는지 잘 알 수 있게 한다. 현재도 그러한 사랑이 이어져 수천만 명의 아마추어 골퍼들이 골프의 매력에 빠져들고 있다. 하지만 이러한 골프의 인기에는 선구자들이 있었다. 그 오래 전, 철강왕 카네기는 지도자 역할을 한 사람이다. 당시 뉴욕타임즈가 골프를 가리켜 '부자들이 시간을 소모하기 위한 잡기雜技' 정도로 폄하하는 분위기 속에서도 카네기는 보란 듯이 골프를 애호했다. 특히 그는 골프를 하면서 사람들과 대화하는 시간을 무척 좋아했다. 그의 뒤를 이어 석유왕 록펠러 또한 아마추어 골프의 붐을 일으켰으며 골프의 인기를 높여갔다. 이어 아이젠하워 대통령은 백악관 앞 잔디에서 골프를 칠 정도로 골프광이었고 케네디 대통령의 골프 실력은 수준급이었다. 인생에서 성공했다고 평가받는 명사들이 골프에 관심과 사랑을 쏟아부으며 골프의 매력을 향유했던 이유는 무엇일까. 그들은 주위사람들이 그 매력에 대해 물으면 늘 이렇게 대답하곤 했다. "골프는 인생이라구!"

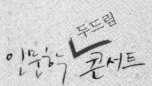

4 케네디가家의 신화

신화는
존재하지 않는다

인문학 두드림 콘서트

누구나 기억하는 취임연설

대한민국 학생들을 한동안 괴롭혔던 《성문종합영어》라는 책이 있다. 그 책의 첫 영어장문독해 부분을 기억하고 있는지 궁금하다. 그것은 지난 세기 명연설로 꼽히고 있는 존 F. 케네디John. F. Kennedy, 1917.5.29~1963.11.22(재임기간 1961~1963)의 취임연설문이었다. 그는 연설문에서 '뉴 프런티어'의 새로운 세상이 다가오고 있음을 직시하라며 미국인과 전 세계인들이 가져야 할 의무에 대해 연설했다. 특히 "Ask not What your country can do for you, Ask What you can do for your country(나라가 당신을 위해 무언가를 해줄 것을 요구하지 말고 당신이 나라를 위해 무엇을 할 것인가 요구해보라)"라는 문구는 많은 사람들을 감동시켰다. 그 취임연설에는 케네디의 자신감 넘치는 말투가 그대로 녹아 있었고 그를 이루어낸 케네디가家의 신화가 그스란히 살아 있었던 것이다.

케네디 가문은 현재까지도 신화를 이어가고 있는 '살아있는 전설'이다. 케네디 대통령은 케네디가家의 충분한 지지기반에서 최고의 훈육을 받으며 하이클래스의 명사名士로서 키워졌다. 케네디는 미국의 전통과 수준 높은 교육 그리고 막대한 경제적 부를 기반으로 일어섰으며 그의 사후에도 신화를 남기기에 충분했다. 이제부터 케네디가家

케네디의 대통령취임식. 훗날 밝혀진 이야기지만 일등공신이었다고도 말할 수 있는 어머니 로즈 케네디는 이 취임식에 참석하지 않고 TV를 지켜보며 감동의 눈물을 흘렸다고 한다

라는 한 가족의 리얼 드라마이자 미국사의 한 장場을 장식한 '신화神話'를 이야기해보련다.

부에서 권력으로, 케네디가家의 신화

케네디가家에 관한 이야기를 꺼내려면 그 시작이 쉽지 않다. 워낙 명망 있는 사람들도 많거니와 그들과 관련한 구구절절하고도 유명한 에피소드들이 넘쳐나기 때문이다. 우선, 그 가족구성원을 소개하는 것으로 이야기를 시작해보려 한다. 물론 중심이 되는 인물은 존 F. 케네디고 이야기는 부모와 아홉 명이나 되는 형제자매들에 관한 것이다.

그의 아버지 조제프 패트릭 케네디는 미국의 이름난 갑부이자 열렬한 민주당원이었다. 그는 하버드 대학 졸업 후 바로 금융계에 뛰어들어 재산을 불려가기 시작했다. 그는 늘 자신감에 차 있었으며 이재에 밝고 모험을 좋아하는 성격이었기에 금융·부동산 투기에 일가견

이 있었다. 훗날 많은 사람들이 케네디가家의 부는 탐욕적인 투기에 다름 아니라고 비난했으리 만큼 그의 재산불리기는 노골적이었다. 경제공황으로 많은 이들이 나락에 빠져들 때도 그는 유일하게 주식에서 손해를 보지 않았으며 당시 헐값이던 부동산이나 유전에 투자해 엄청난 차익을 남기기도 했다. 그는 30대에 이미 롤스로이스를 굴렸으며 아홉 명의 아이들을 포함한 가족들에게 각각 수백만 달러의 계좌를 만들어주는 '부자아빠'였다. 그는 부유한 사업가에서 점차 정치인으로 변신하는데, 물론 자신의 돈을 십분 활용했다. 그는 막대한 재산으로 루즈벨트의 민주당 정부를 후원했고 민주당정부에 참여하는 기회를 가지게 되는데 이후 미국해상위원회 위원장, 주영미국대사를 역임한다. 그는 특히 세 명의 아들(조제프 패트릭 케네디 2세, 존 F. 케네디, 로버트 F. 케네디)에게 관심을 보였고 그들의 교육에 후원을 아끼지 않았다. 또한 그는 아이들이 야망과 도전정신을 가질 수 있도록 장려했는데, 이토록 아들들을 격려했던 그의 묘비에는 이런 글이 남게 되었다. 이는 로버트 케네디가 쓴 것으로 아버지에 대한 진솔한 존경이 묻어나 있다.

"아버지는 우리에게 최선을 다하라고 격려했다. 반쯤 시도한다는 것은 생각할 수도 없었다. 달리기 경주든 축구 시합이든 학교 공부든 우리는 누구보다도 더 열심히 노력하고 최선을 다해야만 했다."

이런 야심찬 아버지 외에도 어머니 로즈 F. 케네디를 빼놓을 수 없다. 그녀는 어린 시절부터 엄격한 카톨릭 가정에서 자라났고 유명한 정치인인 아버지를 두었다. 그녀가 반대를 무릅쓰고 조제프 케네디를 선택했지만 결혼생활은 행복했고 그녀는 점차 자신의 능력을 발휘하기 시작했다. 로즈는 남편이 맘껏 사업을 할 수 있도록 안락한 가정 분위기를 조성하려 애썼고 자식들의 교육에 남달리 신경을 썼다. 그녀는 시간관념이 철저했으며 상벌을 엄격히 해서 아이들이 실수하는 습관을 들이지 않으려 했다. 아이들이 학교에 돌아오기 5분 전에 이미 부엌에서는 그들을 위한 스튜가 끓고 있었으며 식탁에서 경박한 대화는 금지되었다. 케네디의 아이들이라면 뉴욕타임즈의 시사적 논점을 가지고 대화해야 했다. 그녀는 아들들에게는 자신감과 진취성을 가르치려 했고 딸들에게는 지성과 교양이 넘치는 사람으로 자라나기를 바라는 보수적인 어머니였다. 이러한 그녀의 배려는 많은 성과를 이루어냈음이 분명했지만 그녀의 교육이 모두 성공한 것은 아니었다. 특히 케네디가家의 딸들이 그러했다. 큰딸인 로즈마리는 정신지체자가 되었고, 둘째 딸인 캐들린은 자기 고집대로 카톨릭이 아닌 영국국교회 신자인 하팅턴 가문에 시집을 갔다. 영화배우와 결혼한 넷째 딸 패트리시아는 자주 갈등을 겪으며 행복한 결혼생활을 유지할 수 없었다. 그럼에도 불구하고 어머니 로즈는 105세까지 장수하면서 케네디가家의 정신적인 지주가 되어주었다. 남편을 영국대사로, 아이들을 대통령, 법무부장관, 상원의원, 대사 등으로 키워낸 훌륭한 어머니임은 두말할 나위가 없겠다.

이러한 부모 밑에서 아홉 명의 아이들은 각기 개성을 가지며 엘리트로 성장해나갔다. 아들들의 경우 모두 하버드 대학을 졸업하고 노블레스 오블리주 Noblesse Oblige라는 말 그대로 군 복무를 충실히 이행했으며, 딸들은 카톨릭 수녀원에 부설된 여학교를 거치도록 훈육받았다. 특히 아들들에 대한 기대는 남달랐다. 케네디가家의 아버지와 어머니들은 자녀의 정치적 성공을 기대해왔던 것이다. 아일랜드 이민출신의 케네디 가문은 3대를 거치는 동안 엄청난 부를 누렸지만 아직 정치적·사회적 명예를 얻지는 못했기 때문이었다. 3대를 걸쳐 준비해 온 그들의 야망은 점점 구체화되었다. 이제 집안구성원 중 누군가 정치를 할 수 있도록 모든 조건이 갖추어졌다. 막대한 재력財力이 뒷받침되어 있었고 하버드를 통한 학연學緣 그리고 미동브지역의 지연地緣이 잘 조직되어 있었던 것이다.

  특히 큰아들인 조제프 패트릭 케네디 주니어는 정치가로 대성할 수 있는 천부적인 자질을 갖추고 있었다. 그는 리더르서의 통솔력과 카리스마를 갖추고 있었고 많은 사람을 다루는 데 익숙했다. 또한 자신의 감정을 잘 조절하고 시의적절한 웅변에 재능이 있었다. 케네디가家는 무려 20여년 간 그를 정치인으로 키워왔고 많은 이들의 기대를 한 몸에 받은 조제프는 정치 신인으로 커갔다. 그러나 안타깝게도 20대 청년이던 그는 2차대전에 공군조종사로 참전하여 전사하고 말았다. 조제프 케네디에 대해 그리고 가문의 미래에 대해 많은 꿈을 품었던 케네디가家 사람들은 끝없는 절망의 나락에 빠진다. 아버지인 조제프는 삶의 의욕을 잃었고 어머니 로즈는 아들 잃은 슬픔을 삭이며 실의에 빠진 가족 구성원들을 추스려야 했다. 야심차고 항상 낙관적인 삶을 기대해 온 그들에게는 충격이 아닐 수 없었다. 늘 노력하고 성취해 왔던 그들에게는 가문의 계획에 있어 첫 실패를 맛보게 해준 쓰디쓴 경험이었다. 그러나 무서운 집념을 가진 케네디가家는 포기하지 않았다. 이민가정의 대를 이어 이루어놓은 단단한 반석 위에 아무것도 짓지 않을 수 없었다. 신중하고 조심스러운 그들은 또다시 때를 기다렸다. 그리고는 곧 든든한 루키를 발굴해냈다. 바로 둘째 아들인 존 피츠제럴드 케네디였다.

케네디가家의 대통령 탄생

이런 우연한 기회로, 아홉 명의 자녀 중에 눈부시게 비약한 청년이 바로 존 F. 케네디였다. 원래 그는 부유한 집안의 둘째 아들로서는 아주 제격이었다. 부모님 말씀은 반쯤 지키고 자신만의 풍요로운 생활을 꿈꾸는 재벌가 둘째 아들의 전형典型이기도 했다. 그는 또한 학업보다는 사교에 흥미가 많고 젊은 부자로서의 위치를 최대한 활용할 줄 알았다. 언론이나 대학에 남아 평생 유유자적한 생활을 할 인생계획을 세우고 있던 그는 다양한 친구와 여러 여자에 탐닉하는 풍류객인 듯했다. 그러나 그에게 변화가 닥친다. 2차 세계대전에 참전해 큰 부상을 입은 것과 형의 전사 소식을 들었던 것이다. 가족들의 슬픔을 그 또한 나눠져야 했고 이제 미완의 과제를 해결할 의무가 생겼다. 1945년, 유공훈장을 받고 해군대위로 제대한 이후 존은 많이 변모했다. 그는 이제 한 가문의 야심과 희망을 다시금 불러일으켜야 하는 숙명을 짊어졌으며 이제껏 막연히 살아왔던 자신을 추스르고 유유자적한 삶을 포기해야만 했다.

1946년, 결단이 빠르고 과감한 케네디는 불과 29세의 나이로 메사추세츠 주 하원에 출마하여 노련한 공화당 정객을 압도적인 표차로 누르고 선거에 승리한다. 그는 민주당의 노선에 따라 자신의 정치공약을 세워 선진적인 정치 활동을 펼쳤다. 하원의원으로서는 실천불가능한 공공주택의 확대라든지 근로자 임금인상, 노인 복지향상 등의 허황된 구호도 있었지만 미국인들은 케네디의 젊은 패기와 과감한 추진력에 많은 호감을 가졌다. 그는 하원의원을 세 번 역임하고는, 역시나 젊은 나이에 상원의원에 도전하여 다시 승리했다. 특히 그는 1956년에 《용기 있는 사람들 Profiles in Courage》이라는 책을 저술해 퓰리처상을 받음으로써 정치인들의 관심을 받게 되었고 많은 사람들에게 그가 진정 능력 있는 정치인임을 각인시켰다. 그는 선거에서 한 번도 패하지 않았으며 상원의원으로서도 뛰어난 역량을 보여주었다. 케네디가家는 언제나 그의 선거에 함께하며 승리를 도왔으며 케네디가家의 재력과 인맥·지연도 많은 역할을 했다.

이제 모든 것은 갖추어졌고 바야흐로 때가 되었다. 1960년, 케네디는 미국 역사상 최연소인 43세의 나이에 대통령 입후보를 선언하고 꼼꼼하고 유능한 정치가인 존슨 의원을 러닝메이트로 삼았다. 그는 민주당 대통령후보 수락연설에서 "우리는 뉴프런티어New-Frontier의 한 끝에 서 있습니다"라고 하며 뉴프런티어라는 말을 자신의 선거 모토로 삼았다. 수십 명이나 되는 가족들과 그보다 더 많은 하버드 동문들을 몰고 다니며 지지를 호소하는 그의 선거운동을 가리켜 '케네디 스타일'이라고 평하는 이들이 많았다. 그러나 대통령선거는 그리 만만한 여정이 아니었다. 미국 대통령의 조건인 W.A.S.P(백인이고 앵글로 색슨계열로서 개신교도여야 한다는 논리, 그러나 케네디는 아일랜드계 이민출신으로 카톨릭 교도였다)'라는 말이 나돌았고 케네디 가문에 대한 원색적인 비방도 나돌았다.

그보다 더 큰 산은 따로 있었다. 바로 공화당의 대통령후보는 그리 녹록한 인물이 아니었기 때문이었다. 그 라이벌은 바로 닉슨Richard Milhous Nixon, 1913.1.9~1994.4.23(훗날 제37대 미 대통령으로 당선)이었다. 닉슨 역시나 변호사로서 활동하며 많은 인망을 쌓아왔으며 특히 아이젠하워 대통령 시절에 부통령으로서 직무를 수행했던 화려한 경력을 갖추고 있었다. 노련한 정객들이 포진한 닉슨 진영이 보기에 케네디는 허황된 소리만 일삼고 구호만 외치는 젊은 애송이에 지나지 않았다. 그

미 대선 역사상 최초의 TV토론 장면—줄곧 앞서 가던 닉슨과 추격하던 케네디의 전세를 바꾸어놓은 사건이었다

들은 당선을 낙관하고 있었다.

　민주당 후보 케네디와 공화당 후보 닉슨은 정치적 기반 외에도 많은 것이 달랐다. 케네디가 부유한 가문에서 자라나 늘 상류층 사람들과 어울리며 귀족적 성향을 키워왔다면, 닉슨은 평범한 가정에서 자라 자수성가한 사람으로서 서민적인 취향을 가지고 있었다. 케네디는 늘 여유와 웃음이 넘쳤으며 미국에 산재한 많은 문제들을 대수롭지 않게 간주하여 많은 이들을 안심시켰다면, 닉슨은 미국 내 현안에 대한 심각성을 인정하며 노력하면 해결이 가능하다는 태도로 다가갔다. 이렇게 상이한 그들의 TV토론에서의 격돌은 미국 정치 역사상 빛나는 사건이었다.

　4회에 걸친 TV토론은 케네디와 닉슨의 삶의 궤도를 그대로 드러냈고 엄청난 파급효과를 보여주며 선거의 향방을 갈랐다. 젊은 인상에 재기와 위트 넘치는 대답을 펼친 케네디가 줄곧 토론회의 주도권을 잡았던 반면, 성실하고 충직한 답변을 하는 닉슨은 토론에 끌려다니는 것처럼 보였다. 물론 두 후보 모두 미국 내의 현안을 잘 이해하고 있었다. 그러나 문제들에 대한 대응태도에서 두 사람은 판가름났던 것이다. 무겁고 심각한 것을 싫어하는 미국인들은 닉슨의 태도가 왠지 못미더웠고 자신감이 결여되었다는 인상을 받았다. 반면 자신감 넘치고 어떤 문제든 너끈히 해결할 것으로 보이는 케네디는 많은 미국인들에게 좋은 인상을 남겼다. TV토론이 끝나고 케네디진영에서는 벌써부터 압승을 낙관했다. 여론의 지지율 또한 케네디가 충분히 승리할 것이라고 예상하게 했다. 게다가 케네디는 젊은층과 여성층에게 인기가 많아 그 표의 대다수를 획득하게 될 것이라는 예상도 나왔다.

그러나 점차 선거가 진행되면서 판도는 아무도 알 수 없게 되었다. 케네디와 닉슨의 표밭이라고 할 수 있는 곳 외에서는 모두 박빙의 승부가 진행됐고 수천만 표의 향방은 오리무중이 되었다. 피 말리는 박빙의 선거는 마침내 결말을 향했고 케네디는 총 유효투표수 6,833만 5,642표 중 11만 8,550표차로 닉슨을 누르고 선거에서 승리했다. 유래가 없는 박빙의 승부였다. 특히 주목할 만한 일이 훗날 밝혀졌다. 개표결과, 케네디가 기대한 압도적 여성표는 없었고 닉슨에게도 동등한 지지가 있었던 것으로 밝혀지면서 케네디 진영은 쓴웃음을 지어야만 했다. 왜 여성들은 여론조사에서와는 달리 케네디에게 투표하지 않았던 것일까. '흔들리는 여자의 마음 La donna e mobile' 이 그 이유는 아닐까.

숨 가쁜 선거가 끝나고 케네디는 제35대 대통령으로 당선되었으며 수십 년간 꿈꾸어온 가문의 숙원을 성취했다. 그는 활기찬 미국을 만들겠다는 다짐을 공표하고는 미국의 대내외적인 여러 문제들에 대해 직무를 이어나갔다. 당시 미국은 상당히 힘든 시기를 겪고 있었다. 대외적으로는, 소련과의 갈등이 계속되고 있었고 베트남에서는 전쟁의 기운이 감돌고 있었으며 눈엣가시인 쿠바의 행보도 골칫거리였다. 대내적으로는, 비대해진 경제가 침체의 국면에 접어들고 있었고 이곳저곳에서 인종문제와 세대간 갈등이 불거지고 있었다. 그럼에도 케네디는 늘 여유가 있었고 이러한 현안을 잘 처리해나갔다. 국민들도 때론 미숙한 젊은 대통령에게 변함없는 신뢰를 보내주었다. 대통령 재직 3년 동안 그는 미국의 많은 변화를 주도했으며 아버지인 조제프와 법무장관인 동생 로버트, 아내인 재클린 그리고 그 외의 많은 사람들도 그 개혁에 적극 협조했다.

3년간의 대통령 직무수행에 대해서는 긍정적인 평가가 지배적이었다. 베를린 봉쇄가 원만하게 마무리된 후에는 베를린을 방문하고 흐루시초프와 회담을 가지는 등의 화해무드를 조성했다. 미국에 커다란 위협이 되었던 쿠바의 미사일사태도 노련하게 해결했다. 국내적으로는 인종문제를 해결할 수 있도록 정부차원의 지원을 아끼지 않았고 청년실업을 비롯한 경제 악조건에도 능동적으로 대처하는 다부진 면모를 보여주었다. 특히 동생 로버트 케네디 법무장관과 기존의 사법제도를 적극적으로 바꾸며 긍정적인 결과를 일구어냈다.

20세기 가장 유명한 죽음

1963년 가을, 이제 케네디는 재선再選을 향하고 있었다. 낙관적인 견해가 지배적이었다. 여론과 정계에서는 이미 케네디가 공화당 대선후보인 골드워터와 상대해서 낙승할 것이라고 보고 있었다. 그럼에도 모든 일에 조심스러운 케네디는 지방 순회를 겸한 선거지 순회에 나섰다. 특히 텍사스 주는 민주당으로부터 이탈할 조짐을 보였다. 민주

존 F. 케네디의 장례식-누구에게도 가슴 뭉클하며 잊지지 않는 한 장면일 것이다. 케네디의 관이 그의 유족들을 지나치는 그 순간 존 F. 케네디 주니어는 그 관을 향해 작은 손으로 경례를 붙이고 있었다. 뒤의 재클린과 로버트 케네디의 슬픔에 잠긴 엄숙한 표정만큼이나 이 아이의 제스쳐는 전 세계인들을 하염없는 슬픔과 아쉬움으로 몰고 갔다. 전 세계인의 관심과 동정을 받은 이 아이는 아쉽게도 젊은 나이에 요절하게 되었고 또 한 번 많은 이들이 슬픔을 자아냈다. 1999년의 일이었다

미 국립묘지에 안장된 꺼지지 않는 불꽃, 존 F. 케네디의 묘

당 상원의원과 민주당 출신인 텍사스 주지사 간에 갈등이 불거지면서 케네디는 불화를 무마하고 표밭을 다질 필요가 있었다.

　1963년 11월 22일 금요일, 케네디는 재클린과 댈러스 공항에 도착해 많은 이들의 환영을 받았다. 누구도 비극적 참사를 예상하지 못할 화기애애한 분위기였다. 멋스런 정장의 케네디와 분홍빛 투피스의 재클린은 오픈카를 타고 댈러스 시내를 퍼레이드했고 서서히 운명의 장소에 다다랐다. 정오가 막 지났을 무렵 그 운명의 커브길에서 저격범은 짧은 순간 동안 두 번이나 케네디를 쏘았으며 무방비 상태의 케네디는 목과 머리에 총격을 받아 큰 부상을 입고 병원에 후송되었다. 재클린은 선혈이 낭자한 그 옷 그대로 병실 앞에서 서성였으며 얼마 지

나지 않아 케네디의 사망소식이 전 세계에 타전된다.

　미국 대통령이 대낮에 암살당하는 불상사가 벌어졌다는 사실은 전 세계인들을 충격에 빠뜨렸고 케네디라는 젊고 유능한 대통령의 유고有故소식은 많은 사람들을 낙담시켰다. 너무나 갑작스럽게도 세계정치사의 큰 별이 지고만 것이다. 많은 이들의 진심 어린 조의를 받으며 케네디 대통령의 장례는 장엄하게 치러졌고 존슨 부통령은 케네디의 남은 임기를 잘 마무리 지어야 했다.

　정치가문으로서 서서히 그 뜻을 세워가던 케네디가家는 다시금 절망의 늪에 빠졌다. 존 F. 케네디라는 대통령을 만들기 위해 수십 년 동안 경주한 엘리트교육과 재정적 뒷받침 그리고 인맥의 포진, 정치적 지지 등이 순식간에 무너지는 참담한 결과였다. 케네디가家 사람들은 조제프의 죽음 이후 다시금 실패를 맛보게 되었고 이제껏 늘 낙관적인 꿈을 품던 케네디가家의 밝은 미래는 더 이상 없는 듯 보였다.

케네디가家의 그 후

케네디 대통령 사후 케네디 가문은 아픔을 추스르고는 다시금 대권을 노렸다. 케네디가家의 집념과 열정은 타의에 의해 꺾일 만큼 약하지 않았다. 아버지 조제프는 다시금 인맥과 학맥 등을 동원했고 어머니 로즈는 흔들리던 집안을 다시금 규합하기에 이르렀다. 케네디가家는 또 다른 인재를 품고 있었다. 이제, 세 번째 아들이자 케네디 행정부에서 법무장관을 역임한 로버트 F. 케네디(바비)가 그 주인공이었다. 그도 형 못지않게 유능했다. 대권의 야심을 품게 된 로버트는 존슨행정부와 결별하고, 1964년 뉴욕 주 상원의원으로 당선되면서 다시금

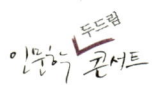

정치문제로 고민 중인 죤 F. 케네디와 로버트 F. 케네디

케네디가家의 마지막 희망이었던 로버트 F. 케네디(맨 우측)-그러나 그 또한 암살당하게 되고 케네디가家의 정치적 희망은 차차 식게 된다

케네디가家에 대권의 희망을 불러일으킨다. 1968년, 로버트 케네디는 대통령 출마선언을 하고는 본격적인 대통령선거 활동에 들어갔다. 이번에도 공화당 후보는 닉슨으로 예상되었음에도 여론과 정계의 잇따른 관심은 로버트 케네디의 인기를 높여갔으며 케네디가家는 다시금 백악관 입성을 눈앞에 두고 있었다.

겉보기에 다소 소심한 듯하지만 책임감이 강한 성격의 그에 대한 미국인들의 평가는 꽤 긍정적이었고 케네디가家는 착실히 선거운동을 물심양면에서 돕고 있었다. 그러나 1968년 6월 6일, 유세지에서 로버트 케네디가 비운의 암살을 당하면서 이러한 재기의 희망은 물거품이 되었다.

존에 이어 로버트까지 연이어 총격에 암살당하는 비극적 운명은 케네디가家를 절망시켰을 뿐만 아니라 다시금 전 세계에 슬픔과 충격을 주었다. 그리고 잇따른 형제의 죽음은 세상의 변화를 가져왔다. 그 이후, 미국사회는 어둡게 변했다. 평화적인 선진사회를 지향하던 분위기였던 미국에서 연이어 폭력시위와 테러와 암살이 일어났고(흑인 인권운동가인 말콤X나 마틴 루터 킹 목사도 그런 비극에서 예외가 아니었다) 정치뿐만 아니라 사회 곳곳의 갈등이 다시금 터져나왔다. 이윽고 닉슨의 공화당 행정부가 들어선 후에도 들끓던 사회는 잠잠해지지 않았고 국내적으로 인종문제, 국외적으로는 월남전문제 등이 가시화되었다.

케네디 형제의 암살 후 벌어진 미국 사회의 혼란은 희망과 신뢰로 뒷받침되어오던 미국 정치를 한없이 불신하게 만드는 결과를 초래했다. 이후 미국 정치가 신뢰를 회복하는 데는 오랜 시간이 걸렸고 자유민주주의의 우아한 표상으로서의 미국을 다시금 기억할 수는 없게 되었다.

이제 케네디 가문은 정치인으로 기대한 세 명의 아들을 모두 잃고는 대권에 대한 야망을 접게 되었다. 막내아들인 에드워드도 유능한 정치인으로 성장하여 연방 하원의원과 상원의원을 거치게 되지만 결코 대권에 대한 발걸음을 옮기려고 하지 않았고 케네디가家의 다른 구성원들도 점차 정치에 대한 열의가 식어갔다. 종종 그 후 에드워드 케네디의 대권설이 나돌기는 했으나 에드워드 본인은 물론 케네디가家는 극구 부인했고, 역시나 소문으로 끝났을 뿐이었다.

케네디 대통령의 가족들은 어떻게 되었는가. 케네디 대통령의 아내 재클린은 케네디 사후 얼마 지나지 않아 오나시스와 재혼했으나 다시

세기의 여성. 재클린 케네디의 영부인 시절 모습. 훗날 선박왕 아리스토틀 오나시스와 세기의 소프라노 마리아칼라스 사이에 짐짓 자리를 잡고는 1968년 오나시스와 결혼하기에 이른다

존 F. 케네디 2세. 그는 시험 운이 없었는지 개번 미국 변호사시험(BAR EXAM)에 떨어졌으나 결국에는 합격을 했고(케네디 주니어는 기자들이 귀찮게 시험결과를 묻는 질문에 '나는 95살까지 이 시험에 도전할겁니다'라고 당찬 대답을 하고는 그 다음해에 합격했다) 사업에 뛰어들었다. 그는 최초로 남성전문 잡지 《GEORGE》를 창간하는 등 열의를 보였으나 그다지 큰 수확을 얻지 못했고 비운의 비행기사고로 요절한다. 그의 비극적 운명은 역시나 아버지의 후광에 크게 가려졌다고 보아야 할 것인지 모른다

금 미망인이 되면서 뉴욕의 아파트에서 은거하게 되고, 아들인 존 F. 케네디 주니어는 대학 졸업 후 사업을 시작했으나 비행기 사고로 요절한다.

케네디가家의 다른 형제들은 어떻게 되었는가. 케네디가家의 선거 활동에 꽤나 적극적이었던 셋째 딸 유니스 케네디는 그 후 사회활동에 많은 노력을 기울였다. 특히 그녀는 슈라이버 가문과 결혼했고 두 부부는 많은 일을 해나갈 수 있었다. 그녀의 뜰은 마리아 슈라이버인데, 미모와 지성을 겸비해 뉴스앵커로 이름을 날렸으며 훗날 오스트리아 출신 배우 아널드 슈워제네거와 결혼했다. 물론 최근의 소식이지만 아널드는 공화당 후보로 캘리포니아 주지사에 당선되었다. 이런 점에서 케네디가家의 정치적 맥은 이어져 오고 있는 셈인지

도 모르겠다. 막내 딸 진 앤 케네디는 케네디가家의 명사名士로서는 평범히 지내오던 편이었으나 마침내 클린턴 행정부에 발탁되어 아일랜드 대사를 역임했다. 막내아들인 에드워드는 연방 상원의원이자 민주당의 원로로서 정객으로 활동해오다 2009년에 사망했다. 대권의 희망이었던 로버트 케네디의 아내 에델은 남편 사후 큰 정신적 고통을 겪었으며 알코올중독 등의 구설수에 휘말렸고, 로버트의 11명이나 되는 아이들은 종종 말썽을 일으키기 일쑤였기에 케네디가家 사람들이 종종 신문의 사회면에 좋지 않게 등장하는 데 일조했다. 이상이 케네디 대통령 사후에 이어진 케네디가家의 간단한 소사小史라 할 수 있겠다.

　이제 케네디가家의 두 지주였던 조제프와 로즈에 대한 이야기를 해보련다. 케네디가家를 일구었던 아버지 조제프는 존과 로버트가 암살당한 후 충격에 빠져 은거하다가 얼마 뒤 뇌일혈腦溢血로 돌연 생을 마치게 되었다. 무수한 집념으로 많은 꿈을 품고 세상을 바꾸어보려한 그로서는 다소 허망한 죽음이었다. 하지만 조제프가 이루고 보여주었던 성공신화는 이후 많은 아버지들의 귀감이 될 만했다고 평가할 수 있다. 케네디가家의 든든한 지주인 어머니 로즈는 아들 셋을 떠나보내고 남편까지 보낸 후에 무려 105세까지 장수하다가 영면한다. 그녀는 늘 우아하고 사려 깊은 케네디가의 여인이었고 바람 잘 날 없는 정치가문의 든든한 버팀목으로서 케네디가家의 흔들림 없는 귀결점이었다.

　조제프와 로즈가 이루어낸 케네디가家의 성공신화는 어느덧 한 집안의 역사가 아니라 미국 정치사가 되었고 많은 이들은 두 주인공의 집념 앞에 숙연해질 따름이었다. 그들 두 사람은 맏아들의 전사 후에

도 꿈쩍하지 않았고 둘째 아들의 암살에도 일말의 희망을 버리지 않았으며 세 번째 아들이 암살당한 후에도 꿋꿋이 가문을 지켜냈다. 조제프와 로즈 두 사람의 주도면밀한 준비 하에 케네디가家는 합심하여 커다란 도약을 이루어내었고 아홉 명의 아이들은 남부러울 것 없는 명사名士로서 미국 정치사에 커다란 족적을 남겼다. 가난한 이민가정이었던 케네디가家, 그들은 신화를 이루어냈음에도 그것은 결코 신화가 아니었다. 그들의 꺾일 줄 모르는 의지와 집념 그리고 늘 나아가려는 힘찬 발걸음이 케네디가家의 모든 것을 이루어냈던 것이다.

신화라는 것은 존재하지 않는다.
그들의 끝없는 열정과 불굴의 집념이 있었을 뿐

예전에 나온 광고를 새삼스레 기억하게 된다. 당시 모 기업은 경영의 모든 틀을 바꾸고 새로운 세계화 시대를 준비하고 있었다. 그 기업의 첫 이미지광고는 '뉴프런티어 정신'이었고 존 F. 케네디의 취임연설을 소재로 삼았다. 얼마나 광고가 요란했던지 신문이건 TV건 안 볼 수가 없었던 그 광고는 사람들에게 신선한 충격을 주었던 것으로 기억한다. 그 후 케네디 광고 덕택이었는지 기업의 경영전략이 어느 정도 맞아떨어졌는지 모를 일이지만 이제 그 기업은 세계적으로 손 꼽히는 큰 그룹이 되었다. 이렇듯 케네디 신화를 모토로 한 어느 기업의 새로운 도약을 지켜보면서, 뉴프런티어를 주창하던 젊은 케네디 대통령과 그를 늘 후원하고 아낌없이 지지했던 케네디 가문을 새삼 떠올릴 수밖에 없었다.

　케네디 가문은 어떤 의미를 가지는가. 아일랜드 이민노동자 출신의

한 개인의 신화가 아닌 '케네디'라는 가족의 신화를 이루어낸 케네디 가문

  한 가족이 점차 미국 상류사회에 진입하면서 경주했던 노력과 열정, 그 집념의 결실이 케네디가家의 신화로 남게 되었던 것이 아닐까. 케네디Kennedy, 그는 대단했다. 아니 케네디가家 그들은 대단했다.
  한 사람의 성공스토리는 꽤나 흔한 편이다. 코르시카 촌놈인 나폴레옹이 프랑스 황제에 등극한다거나 구멍가게 둘째 딸인 마거릿 대처가 영국 총리에 오른다거나 빈농 출신의 청년 박정희가 우리나라의 대통령이 된다거나 하는 등의 조촐한 영웅 일화 말이다. 그러나 이런 영웅 신화에 다소의 부족함을 느낀다. 이런 신화는 신화답지 않고 어딘지 모르게 신뢰가 생기지 않기도 하며 삶의 어두운 곳을 투영하는 각박하고 투쟁적인 그들의 삶이 자주 비쳐지기도 한다.
  그 반면, 진정한 신화神話를 이루어낸 '케네디'라는 가족에 신뢰와 존경 그리고 찬탄을 하게 마련이다. 케네디 가문은 불과 몇 십 년 동안의 성공신화라기보다는 무려 몇 대에 걸쳐 100년 넘게 줄곧 뜻을 품고 노력해온 살아 있는 전설로 자리 잡았기 때문이다. 뉴프런티어의 도전정신이 유효하게 받아들여지는 미국이라는 사회에서, 그럼에

도 전통과 교육, 배경을 중시하는 미국인들에게서 케네디가家는 여전히 숨결을 간직하고 있다. 그리고 전 세계인들의 가슴속에 케네디가家의 신화는 여전히 하나의 동경어린 그 무언가로 남겨질 것이 분명하다.

인문학 숲의 단상

케네디 가문의 간단한 계보를 보면 다음과 같다.

- 패트릭 케네디(1823~1858) | 케네디 대통령의 증조부, 아일랜드 이민 노동자로서 많은 고생을 하다가 젊은 나이에 요절한다.
- 패트릭 조제프 케네디(1858~1929) | 케네디 대통령의 조부, 사업을 일으켜 실업가로 대성하며 특히 자녀의 교육에 신경을 써 맏아들인 조제프를 하버드에 진학시킨다.
- 조제프 패트릭 케네디(1888~1969) | 케네디 대통령의 아버지, 금융·부동산재벌로 유명해지며 외교관을 역임한 바 있다. 이후 케네디가家의 정치적 성공을 물심양면으로 후원한다.
- 로즈 엘리자베스 피츠제럴드 케네디(1890~1995) | 로즈 F. 케네디 여사로서 케네디 대통령의 어머니. 피츠제럴드 뉴욕시장의 외동딸이었고 조제프와 결혼하여 아홉 명의 자녀를 얻어 그들의 교육에 많은 노력을 기울였다. 그녀는 오랫동안 케네디 가문을 굳건히 지켜왔으며 꽤 장수長壽했다.
- 조제프 패트릭 케네디 주니어(1915~1944) | 가장 촉망받는 아들이었으며 능력 있는 총아였다. 그에게 많은 기대가 쏟아졌으나 결국 2차대전 중 전사하게 된다.
- 존 피츠제럴드 케네디(1917~1963) | 둘째 아들로서 미국 제35대 대통령이며 별도의 설명이 필요 없는 인물이기도 하다. 다만 댈러스에서 암살된 사건은 아직도 많은 의혹을 자아낸다.
- 로즈마리 케네디(1918~) | 케네디가家의 맏딸, 어릴 적에는 미모와 센스를 겸비한 재원이라고 칭찬받았으나 정신질환으로 은거하여 요양원에서 쓸쓸히 여생을 보내게 된다.
- 캐들린 아그네스 케네디(1920~1948) | 케네디가家의 둘째 딸로서 어머니의 엄격한 교육을 받게 되지만 결국 어머니와 불화하고 영국의 하팅턴 가문과 결혼하게 된다. 그녀의 남편 하팅턴 백작은 2차 대전 중 젊은 나이에 전사하게 되며 젊은 미망인이 되어버린 캐들린은 많은 명사名士들과 스캔들을 뿌리던 중 비행

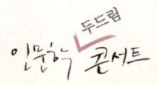

기 사고로 사망한다.
- **유니스 메리 케네디(1921~)** | 케네디가家의 셋째 딸로서 가장 평탄하고 문안한 삶을 보낸 인물이기도 하다. 케네디의 남자들이 정치를 하는 데 있어 많은 내조를 했으며 유니스, 패트리시아, 진 세 자매가 휘두르는 선거 치맛바람은 언론의 지탄을 받을 정도였다. 훗날 남편인 슈라이버와 사회활동을 하며 명성을 얻기도 한다. 그녀의 딸 마리아 슈라이버는 방송인으로 유명해졌으며 그녀의 사위인 아널드 슈워제네거는 캘리포니아 주지사가 되었다.
- **패트리시아 케네디(1924~)** | 어머니의 교육을 거부하면서 자라났으며 자유로이 살기를 바라던 여성이었다. 영화배우 피터 로버트와 결혼했으나 결혼생활은 평탄하지 않았고 근심 많은 삶을 보내게 된다.
- **로버트 프란시스 케네디(1925~1968)** | 재능은 형들 못지않았으나 정치인으로서는 다소 소심하고 내성적인 성격을 보여주었다. 미국 사법개혁의 첫 단추를 꽂은 장본인이며 많은 이들에게 늘 정직하고 성실한 이미지를 보여준 것으로 유명하다. 케네디 대통령 사후 민주당의 대통령후보로 유세하던 중 암살된다.
- **진 앤 케네디(1928~)** | 막내 딸로서 어릴 적에는 큰 재능을 보여준 바 없으나 케네디 가문의 정치활동에 자의반 타의반 참여하게 된다. 90년대 클린턴 행정부에 입각하여 아일랜드 주재 미국대사로 활동한다.
- **에드워드 무어 케네디(1932~2009)** | 막내 아들로서 재능고 유머를 겸비한 청년으로 자라났다. 연방 상원의원을 오랫동안 역임했으나 대권에 대한 도전은 번번이 무산되었다. 특히 상원의원 시절 여비서의 자동차사고와 관련한 스캔들은 그의 도덕성에 치명상을 가했다. 그래도 존경받는 상원의원이었음에는 틀림없다.
- **재클린 부비에 케네디 오나시스(1929~1994)** | 케네디 대통령의 부인으로서 미모와 센스를 겸비한 세기의 여성으로 꼽힐 정도라 하겠다. 케네디 대통령 사후 두 아이들인 캐롤라인과 존 F. 케네디 주니어를 양육했고 그러던 중 세기의 부호 선박왕 오나시스와 재혼했다. 오나시스가 죽자 뉴욕에서 은거하며 지냈으나 불치병으로 비교적 일찍 숨졌다. 여인의 삶을 살면서 남편을 두 번이나 잃는 기구한 삶을 살았다고 평하는 것은 지나친 실례일까.
- **존 F. 케네디 주니어(1960~1999)** | 케네디 대통령의 외아들로서 주위의 기대와 찬사를 받으며 자랐다. 그러나 아버지의 후광에 가려 큰 빛을 보지는 못했다. 하버드에 진학하지 못하고 브라운 대학에 진학했고 변호사 시험에도 줄줄이

낙방했다. 결국 시험에 합격하지만 법률과는 멀어 보이는 언론 사업에 뛰어든다. 그러나 늘 하는 일에서는 별다른 성과가 없었고, 그럼에도 늘 세기의 미혼남으로 주위의 많은 관심을 받았다. 그러던 중 돌연 1999년에 비행기 사고로 목숨을 잃는다. 많은 사람들에게 가슴 뭉클하게 경례하던 꼬마로 기억되고 있으며 여성들에게는 세기의 미혼남으로 꼽혔다.

케네디가 암살당한 후 호사가들은 그의 죽음에 대해 많은 의문을 품었다. 그의 암살에 쿠바와 CIA가 개입되어 있다는 이야기라든가 아니면 암살현장의 의혹(과연 암살범 오스왈드가 짧은 순간에 정확히 두발을 맞추었던 것은 사실일까 등등)에 관한 것이다(이러한 의혹들은 올리버 스톤 감독의 <J.F.K.>라는 영화에 잘 드러나 있다). 다만, 또 다른 측면에서 주목을 받았던 이야기는 다음과 같은 것이다. 바로 에이브러햄 링컨과 존 F. 케네디의 삶과 죽음이 유사하다는 것이다. 그들의 유사점은 다음과 같다.

1. 두 대통령이 머리에 총을 맞고 사망했고, 모두 뒷머리에 총을 맞아 암살범이 누군지를 알 수 없었다는 점.
2. 링컨 대통령은 포드 극장에서 죽고 케네디 대통령은 포드에서 만든 '링컨' 자동차에서 사망했다는 점.
3. 링컨 대통령을 죽인 암살범 부스는 극장에서 암살을 하고 창고로 도망간 뒤 잡혔고, 케네디 대통령을 죽인 암살범 오스왈드는 창고에서 대통령을 저격한 뒤 극장으로 도망간 뒤 잡혔다는 점.
4. 두 대통령의 뒤를 이은 부통령들의 이름이 모두 존슨이었으며, 링컨 대통령의 뒤를 이은 앤드류 존슨 부통령은 1808년생이고, 케네디 대통령의 뒤를 이은 린든 존슨 부통령은 1908년생이라는 점.
5. 두 대통령이 모두 흑인들을 위한 공헌을 많이 했다는 점.
6. 링컨 대통령은 1860년에 대통령으로 당선되었고, 케네디 대통령은 1960년에 당선 되었다는 점.
7. 두 사람이 모두 금요일에 죽었다는 점.
8. 두 사람이 모두 총을 맞을 때 부인이 옆에 앉아 있었다는 점.
9. 링컨 대통령의 암살범 존 윌크스 부스는 1839년생이고 케네디 대통령의 암

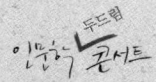

살범 리 하비 오스왈드는 1939년생이라는 점.
10. 두 사람이 모두 백악관에 있을 때 자식 중 한 명이 사망했다는 점.
11. 링컨 대통령의 비서 이름은 케네디였고, 케네디 대통령의 비서 이름은 링컨이었으며, 암살당하는 날 두 비서들은 모두 그 장소에 가지 말라는 부탁을 했다는 점.
12. 링컨Lincoln과 케네디Kennedy의 이름이 모두 7자의 알파벳이었다는 점.
13. 그들의 남은 직무를 이행한 부통령들인 앤드류 존슨Andrew Johnson과 린든 존슨Lyndon Johnson은 알파벳이 13자인 점.
14. 암살범인 존 윌크스 부스John Wilkes Booth와 리 하비 오스왈드Lee Harvey Oswald는 15자의 알파벳으로 일치하는 점.
15. 두 암살범이 모두 재판을 하기 전 의문사를 당한 점.

5   음악의 아버지 바하의 〈샤콘느〉를 듣던 기억
    아버지의 고독과 신동神童 하이페츠

6   음악이 우리 곁에 있다는 것은
    아바ABBA의 'Thank you for the music`'

7   낯선 공간에서 방황하던 이방인 청년
    주홍빛으로 다가왔던 쇼팽

악樂

음악에 감사하게 되는 날들

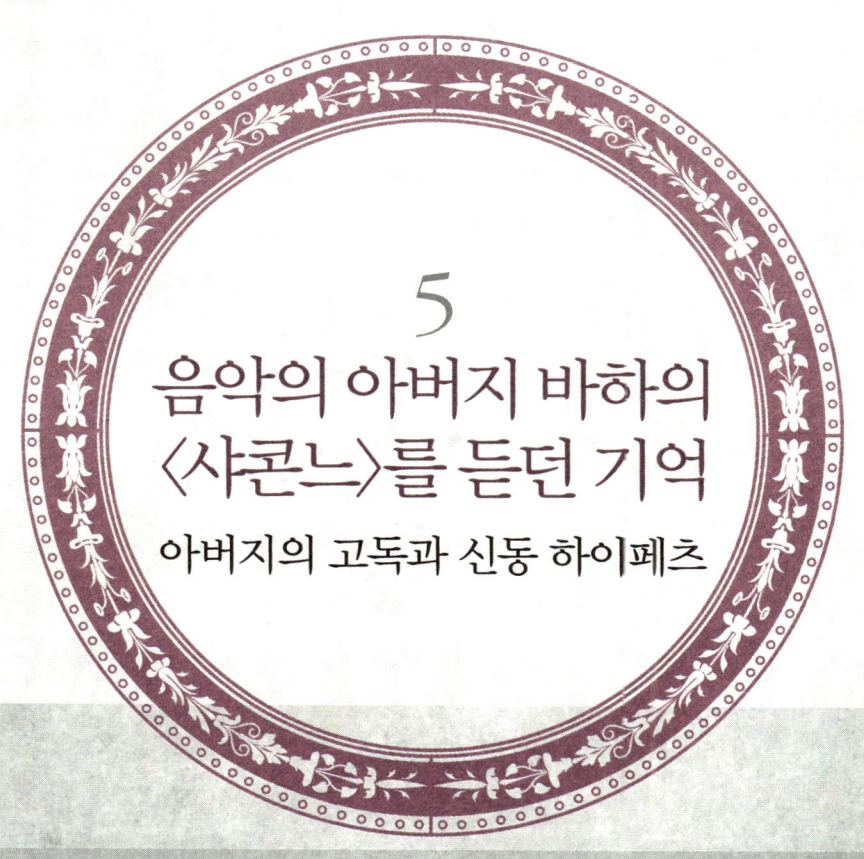

5
음악의 아버지 바하의 〈샤콘느〉를 듣던 기억
아버지의 고독과 신동 하이페츠

인문학 두드림 콘서트

누구나 잃어버린 하루는 있다

"누구에게나 한번쯤 잃어버린 하루는 있다"라고 무라카미 하루키는 말한다. 딱딱한 법 공부를 하는 사람들에게도 그러하다. 다른 때 같으면 공부에 전념할 시간에 문득 다른 상념이 들면서 펜이 손에 안 잡히게 된다. 옥상에 올라가 뿌연 하늘을 쳐다보다 주변을 서성거리곤 한다. 그때 머리에 쓴 헤드폰에서 나오는 음악에 깊은 공감을 하게 되었다. 아, 이런 음악을 만든 바하도 외로웠겠구나.

흔히 요한 제바스티안 바하Johann Sebastian Bach, 1685~1750를 '음악의 아버지'라고 한다. 그가 작곡한 많은 기악·성악곡들이 이후 많은 작곡가들의 음악에 지대한 영향을 주었다는 점을 훗날 평가한 것이리라. 하지만 바하의 음악을 세심히 듣다보면 다른 면에서 '아버지'를 발견하게 된다. 말 없으면서도 따뜻하고 소심해보여도 자신의 할일을 충실하고도 묵묵히 하는 우리들의 아버지, 완벽하고 모범이 되어야 한다는 생각에 눌린 채 때로는 외로움을 타는 아버지 말이다.

바하는 생전에는 그다지 인기 있는 작곡가가 아니었다. 또한 당시는 작곡으로는 도저히 생계를 유지할 수 없는 음악적 환경이었다. 그렇기에 바하는 피아노 강습소를 차려 레슨을 주업으로 삼았다. 물론 그의 이상理想은 작곡에 있었다. 그는 틈틈이 작곡하는 집념을 보였고

교회의 회중 앞에서, 때로는 자신의 레슨학생들에게 자신의 작품을 들려주곤 했다. 바하 사후死後 이러한 많은 곡들은 그 가치를 인정받게 되지만, 생전에 바하는 2명의 아내(사별 후 재혼)와 20명이나 되는 아이들의 생계를 위해 그의 생애를 보낸 충실한 남편이자 모범적인 아버지였다. 그는 항상 자신의 작곡에 바쁘면서도 가족의 생계를 위해 소모적인 일을 하며 살아야 하는 운명을 짊어졌던 것이다. 바하의 많은 곡들 가운데서 특히 〈무반주 바이올린 소나타와 파르티타〉는 이러한 생애를 살았던 '아버지' 바하의 외로움이 잘 묻어나 있다. 특히 〈샤콘느〉라고 잘 알려진 파르티타 제2번의 마지막 곡은 더욱 그러하다. 바이올린 독주가 처절히 이어지면서, 마치 두 대의 바이올린을 연주하는 양 허세도 부려보기도 하고 때론 조용히 독백을 즐기기도 하는 인상 깊은 곡이다. 마치 아버지의 모습처럼 말이다.

바하 〈샤콘느〉에 대하여

D단조에서 D장조로 다시 D단조로 이어지는 〈무반주 바이올린 소나타와 파르티타〉는 연주시간이 약 15분 정도로 규모면에서도 대곡이라 하겠다. 이 작품은 독주 바이올린을 위한 최고봉에 위치한 걸작으로 바이올린이란 하나의 악기를 통해 작곡가의 웅장한 내면세계를 충실히 반영하고 있는 작품이다.

흔히 헨델의 음악은 '원심적'이고 바하의 음악은 '구심적' 이라고 했던가. 깊게 천착할수록 더욱 거대한 내면세계가 엿보이는 바하의 음악적 특색을 쉽게 파악할 수 있고, 들으면 들을수록 바하의 구심력에 이끌려 그의 정신세계에 빠져들게 된다. 특히 독주 바이올린이면

서도 두 대의 바이올린 연주를 듣는 듯한 착각을 불러일으키는 더블 스톱핑Doppel griff이 쓰여 더욱 풍부한 바이올린 음의 향연을 즐길 수 있다. 다른 작곡가들과 달리 '아버지' 바하가 줄 수 있는 선물이기도 하다.

바하를 연주하는 신동, 얏사 하이페츠

얏사 하이페츠Jascha Heifetz, 1901.2.2~1987.12.10라는 바이올리니스트가 있다. 3세에 바이올린을 시작하여 7세에 데뷔하고 20대에 이미 바이올린의 제국을 구축한 겁 없는 러시아 청년이었다. 이 신동은 성공 콤플렉스에 빠진 아버지를 만족시키기 위해 엄한 훈육과정을 거쳐야 했으며 러시아 바이올린계의 당대 최고 거장이었던 아우어Leopobl Auer1, 1845.6.7~1930.7.15에게 다시 넘겨져 음악 엘리트 훈련을 받았다. 17세 이후 미국에 정착했고 그의 음악을 듣고 싶어 하는 세계 방방곡곡을 돌며 순회연주로 이후의 남은 생애를 보냈다.

그러나 그의 생애는 이처럼 간단하지 않다. 밋샤 엘만이나 나탄 밀슈타인, 에디 브라운 등 그의 동문 연주자들도 활동하고 있었으나 점차 그들은 하이페츠의 라이벌에도 끼지 못하게 되었고 당대의 유명 바이올리니스트들도 이 무서운 신인을 두려워 했다. 하이페츠는 이미 바이올린 연주자 레이스에서 독주를 하고 있었고 젊디젊은 지존이었다. 그의 연주는 언제나 화제를 몰고 다녔으며 많은 신화를 낳았다. 그의 연주는 무척이나 분명한 음색을 강조했고 꼼꼼한 음 처리에 특색이 있었다. 그러면서도 무척이나 선이 굵은 연주를 들려주는 거장의 풍모를 보여주었고 청중의 박수나 환호는 무시 하기 일쑤였다.

때론 그의 연주가 완벽에 지나쳐 차갑다고 비판하는 사람도 많았다. 하지만 그의 음악을 아는 사람은 이렇게 말한다. "누군가가 하이페츠를 '차가운' 사람이라고 한다면 그 까닭은 그의 정교한 손놀림 때문일 것이고, 누군가가 그를 가리켜 자신의 감정을 표현하지 않는 '차가운' 사람이라고 한다면 이는 그의 음악이 언제나 음악에 대해 객관적인 자세를 유지하는 본능과 같은 분석력이 있기 때문일 것이다. 그래도 또 누군가가 하이페츠를 '차가운' 사람이라고 한다면 나는 '그렇다. 그는 차가운 사람이다'라고 말해줄 것이다. 왜냐하면 나는 그처럼 자신의 감정을 탁월하게 조절하는 음악가를 한 번도 본적이 없기 때문이다."

하이페츠는 연주회 분위기나 자신의 몸 컨디션이 어떻든 크게 연연해하지 않았으며 항상 최고의 연주를 들려주었다. 언제나 그는 평론가들이나 청중의 평가에 얽매이는 쇼맨십도 없었고 그의 표정과 자세는 딱딱했다. 그는 장난치기 좋아하는 순수한 면도 있었으며 연주회를 앞두고는 마치 콩쿠르를 앞둔 학생처럼 연습에 몰두하는 연주자였다. 그는 항상 많은 음악 팬들에게 한 치의 허튼 모습도 보이지 않는 완벽주의자의 전형을 각인시켜준 위대한 연주자였음에 틀림없다.

하이페츠는 많은 작곡가들의 작품에서 모두 평균 이상의 뛰어난 해석을 보여주었으며 그러한 하이페츠가 특별히 비중을 두고 있는 작곡가는 없었다고도 하겠다. 그런데 하이페츠가 말년에 바하 연주에 천착했다는 점은 주목할 필요가 있다. 그는 말년에 순회 연주를 하면서 바하의 음악을 레퍼토리로 즐겨 넣었으며 말년의 녹음도 바하의 곡이 많다.

그는 갑자기 바하에게 어떤 공감대를 느끼게 된 것일까. 천재로서,

아버지로서 한번의 외도 없이 평생을 음악에 바치며 성실히 살았다는 점에서 그들은 닮아 있다. 그들은 우리의 아버지들처럼 자신의 감정을 드러내놓고 살 수 없는 고독한 존재였으며 무거운 책임감을 짊어지고 살았다. 하이페츠는 노년에 들어 아버지가 느끼는 인생의 처절한 외로움을 절감한 것은 아니었을까.

하이페츠의 바하 〈샤콘느〉 연주

하이페츠의 바하 연주는 녹음이 꽤 많다. 젊은 시절 바이올린계를 평정하던 전성기 때의 녹음도 있고, 평생 늙지 않는다던 하이페츠가 중년에 들어 녹음한 연주도 물론 있다. 하지만 그의 나이 만 70세에 들어 연주활동을 중단할 즈음인 1970년 연주가 들어볼 만하다. 이 연주를 들어보면 과연 노인이 연주한 것인지 의아할 정도로 활기 있고 정력적인 선율을 느낄 수 있다. 날카로우면서도 깔끔한 음을 내는 과르네리를 들고 꼿꼿하게 서서 녹음에 임했을 하이페츠의 모습을 상상해보는 것도 재미있는 일이다.

 이 연주가 감동적인 것은 기교나 소리에 있지 않다. 또한 새로운 작품해석이나 하이페츠의 명성에 있지도 않다. 이 연주의 감동은 진지한 자세에 있다. 음 하나하나에 혼신의 힘을 다하는 예술가의 모습, 작곡가의 내면에 차차 접근해가는 소통의 자세, 악보에 그려진 환희와 열정의 순간순간마다 백열등처럼 작열하는 '언제나 젊은' 영혼의 고귀함이 이 연주에 드러나 있다. 특히, 힘든 생활 속에서 남들이 알아주지 않음에도 우직하게 악보 하나하나를 그려갔던 바하의 삶과 어릴 때부터 '천재', '천재' 소리를 들으며 남달리 외롭고 고된 훈육과정을 거친 하이페츠의 삶이 서로 교차하면서 그들만이 느꼈을 외로움의 바다를 느껴 볼 수 있기에 더욱 소중한 연주다.

외롭고 성실한 한 인간, 아버지

바하의 〈샤콘느〉를 일러 "물질에 대한 정신의 승리. 바하도 그 이상의 눈부신 작품을 두 번 다시 쓰지 못했다"라고 독일 음악학자인 필립 슈피타 Philip Spitta는 평한 적이 있다. 이 음악에는 진지한 울림이 있다. 어느 시대에나 아버지들께서 겪는 처절한 외로움이 만들어내는 소리이자 그럼에도 당신께서는 아내를 위해 아이들을 위해 계속 열심히 살아가야 한다는 운명적인 메시지를 전하는 소리이기도 하다. 음악의 '아버지' 바하도 이곡에서 바로 이러한 메시지를 전하고 있다는 생각이 든다. 이미 3세에 시작해 70세가 넘도록 평생을 바이올린 연주에 바쳤던 하이페츠의 바하 연주는 그러한 메시지를 잘 전하고 있다. 그들은 진정한 외로움을 겪은 이들이었으며 작곡 또는 연주에 평생을 바치면서 살아온 성실한 사람들이었다. 그들은 "외롭다"고 말할 자격이 있었던 사람들이었음에도 결코 그런 말을 하지 않았다. 하지만 음악으로써 그들의 외로움, 아버지의 외로움을 공감한다.

인문학 숲의 단상

바하는 '음악의 아버지'라 불리고, 그의 음악에서도 깊은 부성이 느껴지지만 정작 그는 아버지의 부재 속에서 살았다. 바하는 10살 때 아버지를 잃었다. 그래서 나이 터울이 있는 큰 형 요한 크리스토프의 집에서 기거했는데, 그는 동생의 음악적 재능을 질투했고 바하가 집에 있던 유명 작곡가의 악보를 보는 것조차 막았다. 하지만 음악적인 열정에 차 있던 바하는 늦은 밤 형 몰래 악보를 빼내 달빛을 조명 삼아 악보를 필사했다고 한다.

바하의 음악에 대한 열정이 전해지는 한편, 바하가 느꼈을 '아버지의 부재'에 대한 서러움이 느껴지는 일화다.

6
음악이 우리 곁에 있다는 것은

아바 ABBA 의
'Thank you for The Music'

인문학 두드림 콘서트

대중적이지만 천박하지 않은, 쉽지만 아름다운

세상에는 가치 있는 것들이 참으로 많다. 산, 바다, 하늘, 바람, 별, 가족, 친구, 집, 자동차 등 모두 다 셀 수가 없을 정도다. 또 사람마다 나름의 우선순위를 매겨 그중에서 가장 소중하다는 것을 만들곤 할 것이다.

　세상을 살아가는 동안, 신선한 음식이 없으면 건강한 생활이 힘들고 유익한 배움이 없으면 맑은 정신을 유지하기 어렵다. 그리고 아름다운 음악이 없으면 따뜻한 마음을 가지기가 힘들어지곤 한다. 바쁜 일상을 보내는 와중에서도 아침나절에 처음 들었던 음악을 하루 종일 흥얼거릴 때가 있다. 이런 사람들을 종종 접할 때마다 '참으로 사람이란 음악을 싫어할래야 싫어할 수 없는 존재구나'라는 생각을 하게 된다.

　많고 많은 음악의 우열을 가린다는 것은 무의미하다. 우리에게 어느 음악이 가장 가까이 다가오는가 차이가 있을 뿐이다. 스웨덴에서 태어나고 자란 베니, 뷔욘, 아녜사, 프리다 네 명의 젊은이들은 '음악은 밝고, 쉽고, 친근하고, 아름다워야 한다'는 4가지 명제에 충실한 사람들이었다. 그들이 비록 대중음악의 조류에 맞추어 인기 위주의 댄스풍 곡을 선보였다할지라도 그 음악을 듣노라면 '아 그들은 음악이라는 것으로부터 삶의 환희를 느끼고 있었구나'라는 생각을 저절로

하게 된다. 그들은 자신들의 이름 앞 글자를 딴 'ABBA'라고 불리면서 유럽무대에 등장했고, 얼마 지나지 않아 세계 대중음악계를 뒤흔들었다.

스웨덴의 보석들

작사·작곡에 능하고 야심이 컸던 베니와 천부적인 음악적 재능을 가진 뷔욘은 적절한 음악 파트너를 구하게 되는데, 스무 살 남짓인 데다가 미성의 소유자인 금발의 아녜사와 음악을 위해 이혼까지 하고 찾아온 프리다는 그야말로 최고의 적임자였다. 1972년부터 본격적인 음악활동을 시작한 이들은 매니저 스틱 앤더슨이 제안한 'ABBA'라는 그룹을 결성하기로 하고 첫 앨범 〈RingRing〉을 발표하면서 유럽 팝계의 관심을 받는다. 빠르고 경쾌한 템포와 과감한 신시사이저의 사용, 어쿠스틱피아노와 일렉기타의 조화 또한 일품이었지만 두 명의 여성보컬인 아녜사와 프리다의 매끄럽고 호소력 짙은 창법은 유럽인들을 매료시키기에 충분했다. 이들은 그에 만족하지 않고 1974년 세계무대 데뷔작인 〈Waterloo〉를 발표하게 되는데 이 앨범은 유러피언콘테스트 그랑프리를 수상하면서 세상을 놀라게 한다. 당시 유행하던 댄스풍의 조류를 따르면서도 짙고 경쾌한 보컬이 주를 이루는 아바의 독특한 음악은 전무후무한 것이었고 개성적이며 신선한 자극을 주었다.

ABBA가 음악을 통해 꿈을 키워갈 무렵, 비욘과 아녜사 그리고 베니와 프리다는 서로 결혼을 했고 이후 그들의 음악 이야기는 더욱 풍성하고 아름다워져 갔다. 사랑하는 두 연인이 뭉쳐 음악이라는 하나

아바를 성공으로 이끌었던 〈Waterloo〉 앨범재킷

의 꿈을 향해가면서 그들의 이야기는 전 세계 사람들의 공감을 얻을 수 있었다.

1974년 〈Waterloo〉, 1975년 〈ABBA〉, 1976년 〈Arrival〉, 1978년 〈Album〉, 1979년 〈Voulez vos〉, 1980년 〈Super Trouper〉까지 그들은 'I Do, I Do, I Do, I Do, I Do', 'S.O.S.', 'Mamma Mia', 'Dancing Queen', 'Money Money Money', 'Knowing Me, Knowing You', 'The Name Of The Game', 'Take A Chance On Me', 'Summer Night City', 'Chiquitita', 'The Winner Takes It All', 'Gimme Gimme Gimme', 'I Have A Dream', 'Super Trouper' 등의 명곡을 발표했고 상큼하고 아름다운 선율과 활기찬 리듬감을 선사하며 팝의 새로운 장을 열어보였다. 그들이 전성기를 누렸던 5년여 동안 그들이 원했던 음악을 마음껏 펼칠 수 있었으며 그들만의 아름다운 사랑 이야기로 많은 사람들에게 감동을 전해주었다.

고마워요 음악, 고마워요 아바

아바의 수많은 명곡 가운데서도 'I Have a Dream'이라는 곡과 'Thank you For The Music'이라는 두 곡은 그들의 진솔하고 순수한 음악적 동경이 잘 드러나 있는 곡이라 하겠다. 그 가사를 이해하며 노래를 따라 할수록 음악에 대한 삶과 꿈이 한 사람을 어떻게 바꾸어갔는지 짐작하게 된다. 훗날, 음악을 사랑하던 두 연인은 서로 이별을 했고 아바는 사라졌지만 그들이 이 세상에 남겨놓았던 꿈과 음악 그리고 사랑이라는 테마는 아직도 사람들의 마음에 따스하게 간직되고 있다.

　일상이라는 거친 물결을 헤매는 동안에도, 우리 중엔 노래를 하고 싶은 사람은 노래를 하고 악기를 연주하고 싶은 사람은 음악을 만들고 그 음악을 듣고자 하는 사람은 음악을 즐긴다. 그리고 그 음악에 대해 말하고자 하는 사람은 음악 이야기를 하게 된다. 이처럼 각자의 입장에 따라 다르겠지만 누구나 음악을 우리 곁에 가까이 두고 있는 것이다. 음악이 우리 곁에 있다는 것은 우리가 원할 때 만날 수 있는 좋은 친구 하나를 두게 되는 셈이다. 때론 삶이 고되고 힘들지라도 그 친구 하나를 가지게 된 것을 큰 위안으로 삼고 안식처로 삼는다. 그렇기에 사람은 늘 음악에 감사하게 되는 것이 아닐까.

So I Say Thank you For The Music.

인문학 숲의 단상

아바의 음악은 1980년 발표한 앨범 〈Super Trouper〉에서 크게 변화한 모습을 보인다. 이제껏 밝고 경쾌하며 희망적인 삶을 노래하던 아바는 'The Winner Takes it All'이라는 다소 시니컬하고 지적인 분위기의 곡을 선사했다. 이러한 음악적 변모를 흥행의 실패와 그룹 내 갈등 문제로 보는 사람도 있지만 비틀즈가 그러했던 것처럼 그들이 음악과 함께 성숙해가면서 겪었던 나름의 상처와 고충을 솔직하게 표현했다는 것이 적절할 듯 보인다.

"스웨덴이 왕실과 나라를 팔아도 절대 내주지 않는다는 두 가지가 있는데, 그것은 VOLVO와 ABBA다"라는 이야기는 가벼운 농담처럼만 들리지 않는다. 팝의 중심이었던 영국이나 미국이 아니라 북유럽의 오지奧地였던 스웨덴의 4인조 혼성그룹이 스웨덴 사람들에게 얼마나 큰 자부심을 주었고 전 세계에 얼마나 큰 인상을 남겼는가를 쉽게 알 수 있다. 아바 이후 아바와 비슷한 혼성그룹이 활동하며 다소 얼마간의 인기를 끌었다('Ace Of Base' 또한 성공한 사례다). 하지만 아바만큼 대중과 전문 음악인들의 사랑을 동시에 받았던 그룹은 없었다.

퇴근길 꽉 막혀버린 도로 위에서 불현듯 아바음악이 흘러나올 때,
디제이 스스로도 이 음악이 인생 최고의 음악이라고 극찬할 때,
나 또한 거기에 공감하고 음악에 감사하게 될 때.
붉게 지는 석양을 쫓아가는 자신을 발견하고는 삶의 행복을 느끼게 된다.

I have a dream

I have a dream, a song to sing
To help me cope with anything
If you see the wonder of a fairy tale

You can take the future even if you fail
내겐 꿈이 있어요, 부르고 싶은 노래도 있죠
세상 무엇과도 잘 어울리도록 나를 도와 줄
동화의 놀라움을 느낄 수 있는 사람은
미래를 가질 수 있어요, 그 결과가 어떠해도
I believe in angels
Something good in everything I see
I believe in angels
When I know the time is right for me
I'll cross the stream – I have a dream……
나는 천사를 믿어요
세상 모든 것에 깃들어 있는 선善함도
나는 천사를 믿어요
알맞은 때가 오면
나는 물결을 건널 거예요, 내겐 꿈이 있어요……

Thank you For The Music

I'm nothing special. In fact I'm a bit of bore
If I tell a joke, you've probably heard it before
But I have a talent, a wonderful thing
난 특별한 사람이 아니에요, 사실은 다른 사람을 지루하게 만들기도 하죠
제가 농담이라도 할라 손 치면 이미 당신은 전에 어디선가 들어 봤던 것이겠죠
하지만 이런 제게도 재주가 하나 있는데 굉장한 것이에요
'Cause everyone listens when I start to sing
I'm so grateful and proud
All I want is to sing it out loud
내가 노래하면 모든 이가 귀를 기울이죠
난 너무 기뻐 가슴이 벅차요
내가 원하는 건 맘껏 크게 노래하는 거죠

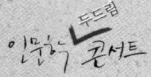

So I say

Thank you for the music, the songs I'm singing

Thanks for all the joy they're bringing

그래서 전 말해요

내가 하는 음악, 노래에 감사한다고

그 것이 가져다주는 모든 기쁨에 감사해요

Who can live without it, I ask in all honesty

What would life be?

Without a song or a dance what are we?

So I say thank you for the music

For giving it to me…….

진실로 말하건대 누가 음악 없이 살 수 있죠?

노래나 춤이 없으면 우리는 어떻게 될까요?

그래서 나는 음악에 감사해요, 그것이 나에게 주어졌다는 것에…….

7
낯선 공간에서
방황하던 이방인 청년

주홍빛으로 다가왔던 쇼팽

인문학 두드림 콘서트

지독했던 겨울, 쇼팽을 들었다

대학 2학년에 올라갈 무렵, 그해 겨울은 내게 한 번도 따뜻하지 않았다. 그 겨울이 끝나갈 무렵, 희뿌연 하늘을 뒤로하고 차가운 바람을 맞으며 아침 일찍 길을 나섰다. 음반매장에서 많은 음반들을 탐내며 바라보았다. 그리고는 앨범 하나를 들고서는 마침내 작은 주머니를 탈탈 털어냈다.

왜 그 앨범을 사게 되었을까. 〈쇼팽피아노곡집ショパンピアノ曲集〉이라는 일본어 제목만을 보았을 뿐 그 피아니스트가 괜찮은지, 그 연주가 훌륭한지 등은 전혀 고려하지 않았다. 단지 앨범재킷에 붉게 뿌려진 가을 낙엽에 빠졌던 것이다.

그 앨범은 바로 상송 프랑소와Samson Francois, 1924.5.18~1970.10.22가 연주한 쇼팽 피아노곡집이었고 꽤 논란을 불러일으킨 음반이었다. 프랑소와는 쇼팽음악을 잘 이해하고 있었고 나름의 해석으로 독자적인 영역을 개척한 쇼팽연주자라고 할 만했다. 프랑소와의 쇼팽을 들을 때마다 앨범 속의 쇼팽은 새로운 영감을 전해주었고 앨범 속의 프랑소와는 안이한 매너리즘에 빠지지 않게 해주었다.

화려한 도시에서 고독했던 파리지엥, 쇼팽

쇼팽Frederic Chopin, 1810.3.1~1849.10.17이라는 음악가는 늘 두근거리는 설렘으로 다가오게 마련이다. 단지 피아노의 시인, 천재 작곡가라는 말로는 쇼팽을 모두 설명할 수 없다. 숨겨진 그의 이야기를 보자. 낭만주의가 풍미하던 시대에 살았던 감수성 풍부한 피아니스트로서의 '모습'과 폴란드 출신의 이방인 청년으로서 낯선 공간인 파리의 사교계에서 꽤나 힘들어 하던 청년으로서의 '모습' 이 그것이다.

낭만주의가 유럽을 휩쓸던 1810년 무렵, 음악적 분위기의 가정에서 태어난 쇼팽은 일찍부터 피아노라는 악기에 익숙해지며 자랐다. 열정을 품은 피아노 신동은 곧 주위 사람들의 관심을 끌기 시작했고 이미 10대에 폴란드 음악계에서 유명해졌다. 당시 폴란드는 정치적으로나 사회적으로나 어수선한 상태였기에 음악활동을 계속하기에는 무리였다.

주위 사람들의 애정 어린 권유에 따라 쇼팽은 곧 '음악의 도시' 비엔나를 거쳐 '예술의 도시' 파리에 입성한다. 그는 어느덧 주위의 귀여움을 먹고 사는 피아노 신동Infant Prodigy에서 벗어나 거장Virtuoso으로서 성장통成長痛을 겪는 어엿한 21세의 청년 연주자가 되어 있었다. 폴란드에 남겨둔 가족들과 떨어진 그는 이제 스스로의 삶을 살아가야 했다. 그는 본업이 본래 피아니스트였기에 피아노 연주회나 레슨 등으로 생계를 유지했다. 초기 작곡활동은 파리 음악계에서 큰 호응을 받지 못했다. 누군가가 평하듯 파리는 '화려함과 추잡함, 미덕과 악덕' 이 야릇하게 조화를 이룬 환락과 겉치레의 도시였다. 이제껏 폴란드 지인들의 친근하고 인간적인 분위기에 익숙해져 있던 쇼팽은 파리지엥들이 그에게 표출하는 '찬사와 질시, 냉소' 의 묘한 경험을 하게 되었다. 소심한 쇼팽은 점점 사람들과 멀어지고 있었다. 그러나 쇼팽의 음악성을 인정해주는 폴란드의 라지빌 공작은 그를 계속 후원해주었고 라지빌 공작의 추천은 당대의 명문귀족인 로스차일드 남작의 관심을 사는 계기가 되었다. 쇼팽의 음악성을 인정하게 된 로스차일드 가문은 쇼팽을 파리 사교계에 명사名士로서 초청하기에 이르렀고 물심양면으로 후원을 아끼지 않았다. 이처럼, 로스차일드 가문이 쇼팽을 가까이하기 시작하면서 쇼팽은 꺾인 날개를 조금씩 펴게 되었고 자신을 추스르며 음악활동에 정열을 불태울 수 있었다. 얼마 지나지 않아 쇼팽은 파리 사교계에서 최고의 피아노연주자이자 작곡가로 인정받게 되었다. 그 무렵의 작품들은 규모가 크고 화려한 것이 특징인데 〈발라드 제1번〉과 〈즉흥환상곡〉이 대표적인 예라 할 수 있겠다. 다만, 흔히 '화려함'으로 오인되는 쇼팽의 음악은 그 속에 감추어진 섬세한 감수성과 애잔한 향수가 간과되는 면이 있다. 쇼팽은 작곡활동을 함에 있어서 파리 사교계의 요구대로 외양은 포장해 주었지만 한 예술가로서 특별함은 그대로 간직하고 있었던 것이다.

겉보기에 그는 파리에서 잘 적응하고 있는 듯 보였다. 이제 명망 있다고 으스대는 많은 이들이 그를 초대해 화려한 찬사를 늘어놓는 생활이 이어졌기 때문이었다. 그러나 겉보기와 달리 쇼팽은 그러한 찬사 속에서도 답답함을 느꼈고 폴란드 고향친구의 가족들을 만나 고독한 마음을 달래야 했다. 특히 친구 로진스키와 그의 가족은 쇼팽을 따뜻하게 대해주었고 쇼팽은 편안함과 친근함을 느끼며 마음을 터놓을 수 있었다. 그러던 중 쇼팽은 로진스키의 동생인 마리아와 사랑에 빠져 결혼을 약속하게 되었다. 그러나 쇼팽이 결핵환자로 밝혀지면서 두 사람은 파혼을 하게 되었고 크게 상심한 쇼팽은 런던으로 기약 없는 여행을 떠난다. 그러나 객지에서 위안받을 수 없는 것을 알게 된 그는 다시 파리로 돌아와 새로운 삶을 시작한다.

상처 입은 마음을 달래고 돌아온 쇼팽에게 있어, 파리에서는 또 다른 천재가 그를 기다리고 있었다. 헝가리 출신 신동으로 전 유럽에 이름을 날렸던 리스트Franz von Liszt, 1811.10.22~1886.7.31였다. 피아노 신동 출신의 쇼팽과 리스트, 두 사람은 어느덧 파리 사교계의 공공연한 비교대상이 되었고 주위에서는 음악의 우열을 논하기 시작했다. 하지만 두 사람은 날카로운 경쟁 상대로서가 아니라 같은 이방인 청년으로서 많은 공감대를 느낄 수 있었고 곧 친한 사이가 되었다. 다만 쇼팽이 파리에서 적응하지 못하고 있었던 반면, 리스트는 이방인 청년의 이미지에서 벗어나 사교계에서 인정받는 음악가로 성장해갔다. 또한 당시 유럽음악계가 요구하던 화려한 기교를 구사하는 음악세계를 선보였다. 리스트는 점점 부와 명예를 쌓아갔으며 많은 순회연주를 통해 다방면의 후원자들을 얻고 있었다. 그럼에도 리스트는 자신의 음악에 대해 불만족스러워 하는 때가 많았으며 어떤 면에서는 순수한 낭만성을 지니고 있던 쇼팽에 대해 경외감을 보여줄 때도 있었다.

❶ 쇼팽과 그의 연인 조르주 상드
❷ 쇼팽과 함께 당대 피아노계를 양분했던 진정한 라이벌이자 깊은 우애를 나누었던 절친한 친구로 기억되는 리스트. 그들의 음악은 피아노에 크게 머물렀다는 공통점이 있지만 그들의 음악은 서로 달랐다

쇼팽의 연인이었던 조르주 상드-그녀는 많은 명사들과 염문을 쌓았던 희대의 여성이기도 했고 천부적인 달필로 세상 사람들에게 많은 기쁨을 전해주었던 소설가이기도 했다. 그녀의 자서전인 《내 삶의 이야기》는 자신의 삶과 주위 사람들에 대한 진솔한 고백이 묻어나 있다. 늘 꿈을 품던 소녀와 같았고 낭만주의자 쇼팽을 잘 감싼 어머니와 같았던 그녀는 다음과 같은 말을 남겼다. "소설이 반드시 현실의 표상일 필요는 없다"고 말이다

    이처럼 리스트와 쇼팽은 당대의 피아노 연주자로서 유럽의 음악계를 평정한 라이벌관계였지만 둘 사이의 우정 또한 깊었다. 쇼팽의 음악성을 인정해주던 리스트가 쇼팽에게 소개해준 여인이 있었는데 그 여인은 쇼팽의 연인戀人으로 발전하게 된다. 그녀는 바로 여류소설가 조르주 상드George Sand, 1804.7.1~1876.6.8였다. 그녀는 꽤나 적극적인 성격이었고 쇼팽의 멜랑콜리하면서도 허무적인 열정을 높이 평가했다. 그녀는 쇼팽과 점점 가까워졌으며 커다란 모성애적 태도로 쇼팽의 변덕스러운 성격을 잘 무마해주는 바다와 같았던 여인이었다. 쇼팽과 그녀는 파리 사교계의 많은 사람들의 입에 오르내렸으며 주위의 시선에 부담을 느낀 두 사람은 돌연 여행을 떠났다. 물론 그 여행은 병약해진 쇼팽의 요양을 겸한 것이기도 했다. 1838년 가을, 두 사람은 지중해의 마요르카 섬에 도착했고 그곳에서 따뜻한 겨울을 보내리라 예상했다. 시끄럽고 말 많은 파리에서 벗어나 오랜만에 느껴보는 안락함이 기다리고 있으리라고 꿈꾸었던 것이다. 그러나 마요르카 섬의 기후는 그다지 평온하지 못했고 그들은 제대로 된 거처를 마련하지 못한 채 스산한 겨울비에 그대로 방치될 수밖에 없었다. 그 지방 사람들은 젊은 쇼팽과 중년부인인 상드의 관계를 의심스레 쳐다보았으며 두 사람은

또다시 주위의 시선을 의식하면서 불편하게 지내야 했다. 어렵게 구한 거처에는 비가 새어들고 있었고 피아노마저 제대로 구할 수 없었던 쇼팽은 점점 기력을 잃어갔다. 그러는 동안에도 그는 우울한 열정을 보여주는 곡을 하나 작곡하게 되는데 바로 〈빗방울 전주곡〉이다. 실내에까지 뚝뚝 떨어지는 겨울비를 보며 한동안 피아노를 치지 못했던 쇼팽이 우연히 작곡한 곡이라고 알려져 있는데, 그 곡이 전하는 스산함과 무기력함은 아련한 동정심을 일으키고 있다.

마요르카에 도착한 지 1년이 채 못 되어 쇼팽의 병세를 크게 걱정한 상드는 화려함으로 치장된 삭막한 공간 파리로 돌아온다. 이제, 파리에 돌아온 쇼팽은 어느덧 서른이 된 원숙한 예술가로 성장하고 있었다. 쇼팽은 건강을 되찾아가며 많은 작곡을 했고 자신의 음악세계에 대한 자신감을 회복했다. 물론 이러한 정열적인 예술 활동은 상드를 비롯한 지인들의 변함없는 후원이 뒷받침된 것이었다. 하지만 얼마 지나지 않아 다시금 마음의 병病이 재발하여 쇼팽은 우울하고 신경질적인 성격으로 변해갔다. 상드의 넓은 마음은 그를 더욱 감싸줄 수 있었지만 쇼팽은 더 이상 그녀의 배려를 원하지 않았다. 1847년에 두 사람은 결별하게 되었고 서로 간에 상처보다는 아쉬움과 그리움을 남기는 관계가 되었다.

아낌없이 주는 나무(The Giving Tree)였던 상드가 떠나간 후 얼마 지나지 않아 쇼팽은 날개 꺾인 새처럼 병약한 예술가로 전락해버렸다. 점점 주위사람들을 피하고 연주활동을 멀리하던 그는 더욱 향수鄕愁가 짙어져 폴란드 사람들을 위한 연주회 등에 간간이 모습을 드러냈을 뿐이었으며 병세마저 악화되어갔다. 1849년 10월, 기력을 잃고 창백해진 쇼팽은 여태껏 그의 천부적인 감수성에 공감해왔던 많은 사람들

쇼팽의 무덤 모습(왼쪽)과 쇼팽의 심장이 보존되어 있는 바르샤바 성십자가 교회의 한쪽 벽면 모습(오른쪽)-파리의 공동묘지에 마련된 쇼팽의 무덤에는 망가진 악기를 들고 슬퍼하는 음악의 신 뮤즈의 조각상이 있는데 어찌나 그를 잘 표현한 조각상인지 절감하지 않을 수 없다. 21세에 폴란드를 떠나온 쇼팽은 그의 뜨거운 피가 흐르던 심장으로 남아 고향 폴란드로 돌아와 바르샤바의 성당에 묻혔다

에게 둘러싸여 조용히 숨을 거둔다. 쇼팽은 파리의 뻬르라세즈 공동묘지에 안장되었으며 폴란드에서 가져온 흙이 그의 무덤 주위에 뿌려졌다. 늘 고향 폴란드를 그리워하고 섬세한 유리조각과 같은 여린 가슴을 가졌던 이방인 청년, 쇼팽의 나이 39세였다.

쇼팽을 닮은 피아니스트, 상송 프랑소와

한 피아니스트가 있었다. 그는 아무리 스스로 평범하다고 말한다고 해도 전혀 평범하지 않은 사람이었다. 그는 '찰나적인 아름다움과 환상 속에 살다간 파멸형의 천재 피아니스트'인 상송 프랑소와Samson Francois, 1924.5.18~1970.10.22였다. 그는 주독駐獨프랑스대사를 지낸 아버지를 두었기에 예술에 친근히 접할 수 있는 기회가 많았던 복받은 소년기를 보내고 점차 자신의 천재성을 드러내기 시작했다. 소년 시절에 '신동神童'이자 '악동惡童'으로 불렸던 그가 보여주었던 천부적인 음악성과 천진함 내지 순수함은 당대 거장들의 큰 관심을 샀고 프랑스의 명 피아니스트인 알프레드 꼬르토와 피아노계의 대모격이었던 마르그리뜨 롱 여사가 그 소년의 열렬한 후원자가 되어 주었다. 이렇게 많은 이들의 관심을 받고 자란 소년은 파리음악원을 16세의 나이에 1등으로 졸업하고 19세에 롱-띠보 국제 콩쿠르에서 유수의 피아니스트를 제치고 1위의 영광을 안았다. 그는 거장의 재목이 될 자질을 보여주듯 20세가 넘어서는 점차 자신의 세계를 구축해갔다. 특히 쇼팽과 라벨, 드뷔시의 음악에 깊이 천착하는 모습을 보여주었다. 당대의 유명한 피아니스트들이 자신의 레퍼토리를 넓혀보려 고전과 낭만·근대·현대를 서둘러 섭렵해나가고 있었다면 프랑소와는 그야말로 고지식하게 쇼팽을 고집했고 가끔씩 라벨과 드뷔시의 작품에 손을 대었을 뿐이었다. 마치 쇼팽이 피아노라는 악기에 그의 전부를 바쳤던 것처럼, 프랑소와의 음악세계는 쇼팽에 크게 머물렀다. 프랑소와는 당시 프랑스 피아니스트계의 빠른 템포와 화려한 연주기법을 배웠으며 우직하게 그러한 주법을 지켜나갔다.

　프랑소와의 연주는 독특했다. 그의 연주에는 '처음의 특별한 어색함, 그리고 뒤이은 친숙한 매력, 더 나아가 한없이 탐닉하게 하는 마력'이 있었다. 그는 쇼팽이 추구했던 템포-루바토Tempo Rubato(약음과 강음의 템포를 피아니스트가 자유롭게 조절하는 쇼팽 음악만의 독특한 특성)를 잘 이해하고 있었기에 자신만의 멋을 뽐내며 맘껏 쇼팽을 연주했다. 그런 그의 뚜렷한 개성은 사람들에게 어색함과 부담스러움을 주기도 했

지만, 점차 사람들은 독특한 그의 연주에 속물적인 근성이 없고 인기를 탐하지 않는 고고함이 있음을 발견하게 되었다. 그래서 음악 애호가들은 '위대한 예술은 첫인상에 어색하고 거부감이 들지만 얼마 지나지 않아 깊이 탐닉하게 된다'고 말해왔던 것이다.

상송 프랑소와는 이처럼 레퍼토리가 많지 않았기에 쇼팽이라는 음악가에 진지하게 접근해갈 수 있었다. 프랑소와는, 쇼팽이 남긴 우아하고 아늑한 〈왈츠〉나 차분하고 편안한 〈야상곡〉, 피아노 연주의 새로운 장을 열었던 〈에튀드〉와 〈프렐류드〉, 산뜻한 미감을 전해주는 〈마주르카〉, 흩날리는 열정을 보여주는 〈발라드〉와 〈스케르쪼〉, 웅건하고 화려한 면모를 보이는 〈폴로네이즈〉를 그 성격에 잘 맞게 해석했다. 특히 그의 〈왈츠〉 연주는 반세기가 지난 지금도 최고로 꼽히고 있다. 아무리 리흐테르나 루빈슈타인, 호로비츠, 아쉬케나지, 폴리니, 아르헤리치, 짐머만, 부닌 등 기라성綺羅星같은 피아니스트들이 쇼팽의 〈왈츠〉를 남겼다고 할지라도 음악을 들을 줄 아는 이들은 결국 프랑소와의 맑고 자유로운 피아노 타건打鍵에 탐닉할 뿐이었다. 여담이지만, 프랑소와의 〈왈츠〉 연주에 유일하게 비견될 만한 연주라면 디누 리파티Dinu Lipatti, 1917.3.19~1950.12.2의 〈브장송에서의 마지막 연주회 Récital de Besancon〉 정도만이 꼽히고 있다. 리파티가 백혈병에 걸려 죽음을 앞두고 혼신을 다하여 연주회를 하다가 왈츠 전곡 연주를 미처 마치지 못하고 병원에 실려가 세상을 떠난 비장미 넘치는 바로 그 연주 말이다.

아무튼 프랑소와의 쇼팽연주로 이야기를 돌아가자면, 프랑소와의 연주 녹음은 그의 짧은 생애 동안 모든 것을 바친 소중한 기록이라 할 정도로 많은 사람들에게 감동을 주었으며 '쇼팽=프랑소와' 라는 도식도 생겼다. 특히 도시바 EMI의 〈상송 프랑소와의 피아노 리사이틀〉 앨범은 앞서 언급했듯 앨범표지부터 비범非凡하고 선곡도 프랑소와 연주 중에서 최상의 것만을 고른 명반名盤으로 꼽히고 있다. 〈폴로네이즈 제6번(영웅)〉의 당당한 연주로 시작하는 프랑소와는 우울한 분위기의 〈빗방울 프렐류드(전주곡)〉를 선보인 뒤 그의 장기인 부드러운 〈녹턴〉 연주(특히 〈녹턴〉 제2번의 연주는 조용한 터치로 숨막힐 듯한 분위기를 연출한다)를 거쳐 〈즉흥환상곡〉과 〈에뛰드(연습곡)〉에 이른다. 특히 프랑소와의 〈즉흥환상곡Fantaisie Impromptu〉 연주는 프랑소와만이 보여줄 수 있는 명연이었다. 누군가 평하길 "쇼팽은 아무렇게나 연주하면 안 된다.", "이 즉흥환상곡은 아무나 연주하는 곡이 아니다. 수없이 이 곡의 연주를 들어봤어도 역시나 이 곡은 '물 흐르는 듯하는 자연스러움'과 '피 끓는 열정'과 '세련된 우아함'을 보여주어야 하는 것이다"라고 했다. 이렇듯 〈즉흥환상곡〉은 대중적이면서도 쇼팽의 화려한 열정을 잘 보여주고 있기에 쇼팽음악을 대표하는 곡으로 평가받는다. 하지만 이 음악을 듣다 보면, 파리 음악계의 화려하고 가식적인 분위기에 맞추어주는 듯하지만 자신의 내면을 조심스레 보이려 애쓰는 이방인 청년 쇼팽을 절절히 느낄 수 있다. 진지한 내면의 우주를 뜨거운 열정으로 품고 있는 쇼팽의 고독을 새삼 느끼고는 그 외로움에 공감을 하지 않을 수 없는 것이다. 쉽고 친근하며 명랑하다는 인상을 주는 모짜르트의 음악이 현명하고 위대한 영혼을 품고 있다는 음악평들과 유사한 것이라고 할까.

　프랑소와의 연주는 개성 넘치는 〈왈츠〉와 비장한 곡인 〈발라드〉와 〈스케르쪼〉에 이른다. 요한 슈트라우스 부자父子의 〈왈츠〉('아름답고 푸른 도나우강'을 예로 들면 적당할 것이다)가 직접 몸에 율동감을 선사한다

진정한 '쇼팽연주자'라고 불릴만했던 상송 프랑소와. 삶의 허무를 품은 듯한 허공을 향한 눈동자가 인상적이다

면 쇼팽의 피아노 왈츠들은 듣는 이의 마음을 직접 흔들어놓는다. 이러한 쇼팽 〈왈츠〉의 우아함을 가리켜 로베르트 슈만Robert Alexander Schumann, 1810.6.8~1856.7.29은 "쇼팽의 〈왈츠〉 선율에 몸을 움직이며 춤을 출 수 있는 사람은 백작부인이 아니면 안 된다"라고 한 바도 있다. 프랑소와는 맑고 깨끗한 터치와 세련된 음감으로 창연한 〈왈츠〉 연주를 선보이고 있다.

프랑소와의 쇼팽연주에 이렇게 화려함과 우아함만이 있었던 것은 아니었다. 이 피아니스트는 쇼팽이라는 음악가가 가졌던 이중성의 다른 한 면이라고 할 수 있었던 '지독하리만큼 무거운 영혼'을 발견하게 되었다. 이방인 청년 쇼팽은 허식에 차 있는 파리라는 낯선 공간에서 방황하며 열정을 잃었고 연상의 여인과 사랑에 빠지기도 했다. 그는 삭막한 현실을 도피하려 했지만 그것은 불가능했다. 쇼팽에게는, 현실과 당당히 맞서면서 살아갔던 리스트와 같은 당돌함도 없었다. 쇼팽은 낭만浪漫(Romanticism)을 고고히 간직하면서 잠재된 열정을 〈발라드〉나 〈스케르쪼〉 같은 대곡에 쏟아부었다. 이 점이 바로 리스트와 쇼팽을 구별 짓게 하는 큰 준령峻嶺이라 할 수 있겠다. 리스트의 음악이 당대 음악현실에 적응하며 새로운 음악적 시도에 주력했다면, 쇼팽은 고독하게 자신의 내면을 키우며 피아노라는 악기가 보여줄 수 있는 하나의 우주를 사람들에게 전했다. 프랑소와의 〈발라드〉, 〈스케르쪼〉 연주는 쇼팽의 이러한 감성을 잘 전달해주고 있다. 쇼팽 〈발라드 제1번〉과 〈스케르쪼 제2번〉을 마주함에 있어, 프랑소와는 그 무거운 대곡과 교감하며 독특한 템포, 그만의 핑거링, 페달링으로 쇼팽의 내면과 가까워질 수 있는 길을 내보이고 있었다. 이렇게 시공간의 벽을 넘어 서로의 영혼을 교감한 쇼팽과 프랑소와는 그 마지막을 인상적으로 장식한다.

흐트러진 열정이 주는 아름다움

낭만주의 음악의 정점에 자리한 쇼팽의 음악은 우아함과 세련됨으로 아름답게 정제되어 있다고 생각하기 쉽다. 그러나 그의 음악은 자의적으로 아름다움을 연출하지 않으며 또한 단정하지 않다. 피아노라는 악기에 크게 머물렀던 그의 음악에는 이방인으로서 방황하던 열정적인 청년의 모습이 그대로 녹아들어 있다. 이렇기에 종종 쇼팽을 들으면 그 단정치 않은 '흐트러짐의 미학'을 언뜻 언뜻 보게 된다.

그리고 상송 프랑소와는 한 피아니스트로서도, 한 인간으로서도 개성이 강했으며 스스로를 위태위태한 상태에 내버려두기도 하는 불안정한 사람이었다. 큰 인기를 끌지 못한 괴팍스런 피아니스트였지만 독특한 연주에서 늘 영혼과 정신을 불태우는 그의 지독히 진지한 예

상송 프랑소와의 앨범재킷. 프랑소와의 사진 중에서 가장 멋진 것이라 하겠다. 노타이의 드레스셔츠에 담배를 쥐고 있는 제스처는 '자유인自由人 상송 프랑소와'를 단적으로 드러내고 있다

술혼藝術魂을 엿볼 수 있다. 하지만, 그의 빛나는 예술 뒤에서 그의 삶은 늘 흐트러져 있었다. 비현실적이고 결벽한 성격 탓에 주위 사람들과 다투기 일쑤였고 점점 외로움에 시달려야 했다. 술과 담배에 지나치게 중독되어 생활은 엉망이었고, 아내와 아이들은 변덕스럽고 신경질적인 남편이자 아빠를 가까이하지 않았다. 그는 비타협적인 성격 탓에 연주자로서 생계를 유지하기가 힘들었음에도 재정적인 문제에 연연해하지 않았으며 태연히 자신의 음악 세계를 이어나가려 애썼다. 그의 삶이 점차 나락에 빠져들면서도 그는 안이한 감상주의로 세상과 타협하지 않았으며 피아노 앞에 앉아 있는 동안은 혼신魂神을 쏟아부을 줄 아는 낭만주의자Romantist였다. 마치 천사가 데려갔다고 회자되듯, 그는 힘든 연주녹음을 끝내고 여느 날처럼 술에 절어 집으로 돌아간 뒤 갑작스런 심장마비로 숨졌다. 외로움에 오랫동안 지친 그의 나이는 47세였다. 젊은 나이에 프랑소와는 자신이 그토록 좋아했던 쇼팽처럼 현실에 잘 적응하지 못하고 늘 이상을 꿈꾸는 삶을 살다가 사라졌던 것이다.

오래전 낯선 공간에서 방황하던 이방인 청년 쇼팽이 보여주었던

'감수성 충만한 음악세계'를 프랑소와는 '주홍빛 도는 흐트러짐의 미학'으로 멋지게 보여주었다. 마치 쇼팽이 그러했던 것처럼 프랑소와 또한 불꽃처럼 강한 인상을 잠시 남기고는 사람들의 무관심 속에 조용히 사라졌지만, 언제부터인가 프랑소와의 쇼팽연주는 음악을 아는 많은 이들에게 애절한 그리움으로 처연히 각인되어 갔다.

때론 짙은 허무를 품고 있고 그 허무에서 나오지 못하는 쇼팽과 프랑소와, 그들 두 사람의 모습에서 묘한 동정심과 공감을 느낄 수 있다. 냉혹한 현실에서 상처받고 외로워했지만 늘 시선을 허공에 던지며 고결히 살았던 두 사람의 시공간을 초월한 조우遭遇를 우연이라고만은 할 수 없다.

인문학 숲의 단상

상송 프랑소와가 얼마나 비현실적이었으며, 제멋대로의 사람이었는지 잘 알 수 있는 일화가 있기에 소개하련다. 프랑소와가 EMI와 쇼팽 〈왈츠〉 등의 연주계약을 하고 무려 한 달 넘도록 힘들고 고되게 녹음을 마쳤다. '이제 끝났구나' 하는 안도의 한숨을 쉬며 일의 마무리를 하려는 PD와 스텝들에게 프랑소와가 다가가 이렇게 말했다. "정말 이 연주 맘에 안 드는군. 다시 합시다, 여러분!" 그리고는 녹음 테잎들을 폐기하도록 주문했다. PD와 스텝들은 그야말로 광분했지만 그 완벽주의자의 비위를 거스르지 않고 다시 녹음에 들어갔다. 예술가의 죽 끓듯한 변덕을 이해해준 그들의 작업은 명반으로 남아 지금도 소중한 감동을 전해주고 있다.

8 어머니, 가장 위대한 아름다움
  라파엘로의 〈성모자화〉를 바라보며

9 슬픔과 관능의 유혹
  아메데오 모딜리아니의 삶과 예술

미 美

아름다움 돋보기,
미술이 우리에게 전하는 말

8
어머니,
가장 위대한 아름다움

라파엘로의
〈성모자화〉를 바라보며

인문학 두드림 콘서트

아이의 볼을 보고 있노라면

세상에서 가장 아름다운 장면은 과연 어떤 것일까? 이런 막연한 질문에 대해 많은 대답이 나올 수 있다. 언제나 차갑고도 깨끗한 빙하의 모습, 인간이 결코 만들어낼 수 없다는 그랜드캐년의 모습, 어미 코끼리를 열심히 뒤따라가는 아기 코끼리의 모습, 알에서 깨어나 첫걸음마를 시작하는 펭귄의 모습 등이 그 후보로 거론될 수 있을 것이다. 하지만 이런 모습들이 가장 아름다운 장면이라 하기에는 유력한 경쟁 후보가 있다. 바로 어머니의 젖을 물고 영롱한 눈망울로 세상을 바라보는 아기의 모습이다.

혼잡하고 탁한 공기의 지하철 속에서 가끔 평정심을 잃는다. 화가 나기도 하고 짜증이 날 때도 있다. 특히 아이를 업은 엄마가 가까이 서서 자리를 비좁게 할 때도 그러할 것이다. 그러나 어느 순간 곧 평온해진다. 바로 그 엄마 뒤에서 포근히 잠들어 있는 아이의 터질 듯한 볼을 보고 있으면 말이다.

미술이란 '아름다운 모습'을 찾는 여정이라고도 할 수 있다. 아름다운 그림에 대해서도 견해가 분분함이 당연하다. 모든 이들의 취향이 다를 수 있기에 말이다. 하지만 '아름다운 그림'에 거론되는 그림들은 있다. 바로 라파엘로의 〈성모자화聖母子畵〉다. 그는 여러 개의 〈성모자화〉를 남겼는데 성모자화의 전형이 될 수 있을 정도로 그 이후의 화가들에게 큰 영향을 주었고 좌절 또한 주었다. 라파엘로 이후 많은 화가들이 도전했으나 아무도 라파엘로만큼이나 포근하고 사랑스러운 성모자를 제대로 그려낸 화가는 없었다. 그의 〈성모자화〉는 완벽한 균형의 구도 속에 충만한 생명력과 따뜻한 애정으로 가득했으며, 화가로서 평생을 보내면서 생전에 많은 사랑을 받았던 유일한 사람인 라파엘로의 깨끗한 영혼이 그대로 담겨 있다.

라파엘로가 보여준 우아하고 이상적인 아름다움

라파엘로Raffaello Sanzio, 1483.3.28~1520.4.6는 레오나르도 다 빈치, 미켈란젤로와 비견되는 유일한 화가다. 물론 인지도는 다방면의 천재였던 다 빈치나 정력적인 미술가인 미켈란젤로가 더 많은 편임에도, 미술사에서는 언제나 그들과 나란히 거론되고 있다. 당시(15c 후반) 르네상스 미술의 메카는 단연 피렌체였다. 다 빈치와 미켈란젤로가 현역으로 활동하고 있었고 그들이 남긴 미술들에 쏟아지는 독보적인 찬사 속에 여타 많은 화가들을 절망시키는 분위기였다. 1504년, 한 시골 화가가 추천장 한 장을 들고 피렌체로 왔다. 그는 겁 없이 피렌체의 유명 가문들과 교회에 문을 두드렸고 곧 능력을 인정받았다. 그는 라파엘로였다.

　라파엘로는 교양 있는 화가인 아버지의 영향으로 일찍부터 그림에 익숙해졌고 페루자의 유명 화가였던 페루지노의 공방에서 미술의 여러 기법을 습득했다. 야망을 갖고 피렌체로 입성한 그는 21세가 되던 해에 벌써 명성을 얻게 된다. 로마로 초빙된 라파엘로는 로마 교황청의 전폭적인 지지를 받으며 많은 걸작을 남겼다. 그는 생

시스티나의 성모 □ 천사의 모습, 1514년 작. 주인공인 聖 母子(마리아와 예수)의 아름다운 자태를 넘어서는 고결한 천사의 이미지가 훗날 많은 미술학도들의 이상이 되었다

전에도 사랑받았으며 사후에도 많은 존경을 받았다. 그는 다 빈치와 미켈란젤로와는 또 다른 아름다움을 선사했으며 항상 파티에 초대되는 젊은 유명인사였다. 그는 마치 쉽게 그림을 그려내는 듯 보였으며 삶에 그늘이란 존재하지 않았던 낙천주의자였다. 다만 아쉽게도 라파엘로는 모짜르트만큼이나 젊고 아까운 나이인 37세에 요절한 예술가였다.

라파엘로의 그림은 흔히 쉽다고 평가되기도 한다. 마치 친근하게 다가와 일반적인 호소력을 갖는 모짜르트의 음악이 그러하듯이 말이다. 하지만 화려하고 밝은 분위기와 단순명료한 구도 속에 감춰진 예술가의 깊은 생각과 세심한 계획 그리고 예술적인 지혜를 점차 발견하다보면 라파엘로에 대해 친근감을 넘어서서 존경심을 느끼게 된다. 인문학적인 교양에도 밝았던 그는 르네상스의 화가들이 이룩한 원근법과 안정된 구도, 화려하고 부드러운 색채감을 빠짐없이 수용했다. 다 빈치가 보여주었던 세심한 관찰력과 미켈란젤로가 발산했던 대담한 표현력 그리고 스승인 페루지노가 보여주었던 안정된 구도와 부드러운 인물표현을 받아들이는 한편 자신의 세계를 구축하며 모든 역량을 대표작들에 아낌없이 쏟아부었다.

❶ 요정 갈라테아, 1511년작. 로마의 저택에 프레스코 벽화로 남아 있는 이 그림은 수백년이 지난 지금도 그 아름다움을 뽐내고 있다. 천사들의 화살은 갈라테아에게 모이고 있고 각 인물들의 시선과 동작이 다양한 볼거리를 제공한다
❷, ❸ 아테네 학당(❸) 그림 中 플라톤과 아리스토텔레스(❷), 1509~1510년작. 라파엘로의 대작으로서 바티칸 궁의 한 벽면을 장식하고 있다. 학문적인 이상을 여러 개의 문을 통해 시각적으로 형상화 하였고 플라톤, 아리스토텔레스, 피타고라스, 디오게네스 등이 여러 모습으로 자신의 철학세계를 상징해 보인다

　　라파엘로는 생전에도 인기 있는 화가였다. 그는 당대의 거장들에게 기가 죽지 않았고 예술에 대한 과장되고 심각한 제스처를 내려 애쓰지도 않았다. 그는 즐겁게 그림을 그렸고 자신이 받은 사랑을 그림에 넣었다. 〈시스티나의 성모자화〉나 〈요정 갈라테아〉에서 성모와 갈라테아로 묘사된 여성은 회화 사상 가장 이상적인 아름다움을 간직하고 있다고 평가받는다. 사랑에 넘치는 표정과 부드럽고 우아한 자태 그리고 먼 이상을 향하는 듯한 시선 등에서 그것을 확인할 수 있다.

　　라파엘로의 작품은 많이 남아 있는 편이다. 그가 남긴 작품의 대부분은 프레스코화(벽화의 일종)나 목판에 유채한 작품이다. 최근에는 소더비나 크리스티 경매장에서 그의 소묘 습작화가 큰 인기를 모으고 있다. 남들 보기에 '쉽게' 그림을 그리기 위해서 얼마나 고심했는가를 잘 보여주는 단적인 예가 되겠다. 라파엘로의 대표적인 프레스코화는 역시나 바티칸 궁에 그린 〈아테네 학당〉과 로마의 유명 저택에 남긴 〈요정 갈라테아〉일 것이다. 〈아테네 학당〉을 통해서는 라파엘로의 완성된 원근법과 탁월한 인물배치 그리고 배경설정 등이 크게 주목되고 〈요정 갈라테아〉에서는 부드럽고 친근한 인물묘사와 탁월한 시선처리 등이 눈에 띤다. 또한 그의 작품에서 빼놓을 수 없는 것은 많은 유화작품들인데, 그중 다양한 포즈의 〈성모자화〉 시리즈는 그의 생전에도 사후에도 공히 가치를 인정받고 있는 명작들이다. 그의 〈성모자화〉는 성모자의 전형典型으로 많은 이에게 각인되었고 사람들은 마치 2000년 전의 성모 마리아와 아기 예수가 실제로 그런 모습이었으리라고 으레 짐작을 하게 만든다.

라파엘로의 〈성모자화〉는 왜 아름다운가. 이러한 질문에 많은 이들이 답을 하지 못할 것이다. 미술 감상의 초입자뿐만 아니라 곰브리치 같은 대가들도 그러할 것이다. 이성과 오감五感만으로는 그 아름다움을 완벽히 표현할 수 없기 때문이다. 하지만 이런 대답을 하고 싶다. "당신은 아름다움을 바라는가. 세상에서 가장 아름다운 모습을 바라는가. 그렇다면 사랑에 충만하고 평화에 깃든 라파엘로의 〈성모자화〉를 바라보라."

라파엘로. 그는 아름다움에 대해 깊이 천착한 화가였으며 언제나 자신의 행복한 삶을 감사히 여기다가 짧은 생애를 마쳤다. 많은 이들이 그 죽음을 아쉬워했으며 그를 영원히 기억하고자 애썼다. 실로 우연하게도 라파엘로는 자신의 37세 생일날에 세상을 떠났다. 이를 일러 사람들은 "라파엘로는 죽은 것이 아니라 신과 약속한 날에 신께서 거두어간 것이다"라고 말했다. 라파엘로는 누구였던가. 르네상스의 중심에 있었던 화가, 훗날 많은 이들이 그의 예술을 질시하여 결국 '라파엘 전파前派'라는 안티그룹까지 형성하게 된 화가. 늘 동경해 마지않는 하이르네상스의 정점에 바로 라파엘로가 있다.

삶의 행복을 주는 아름다운 모습들

삶의 쳇바퀴를 하루 굴리고 퇴근하는 길에서 오늘도 세상에 대한 회의뿐만 아니라 사람에 대한 회의도 느끼게 될지 모른다. 원하는 일이 잘 되지 않을 수도 있으며 이러한 결과에 대해 평소 사랑하는 사람에게서 냉정한 말을 들을 수도 있다. 그러다 문득 고개를 들어 한 아이의 모습을 바라본다. 제 어머니의 품에 안겨 젖을 물고 있거나 고이 잠든 아기의 모습을 말이다. 그 뽀얀 피부와 터질 듯한 볼을 보고 있노라면 삶의 행복에 대해 다시금 생각하게 된다. 비록 미래가 막막하고 바로 눈앞의 모든 일은 힘들고 어렵게만 보일 뿐이지만 새로운 희망을 발견하게 되는 것이다.

라파엘로의 〈성모자화〉에 대한 어렵고 딱딱한 도상학圖像學은 관심 없어도 좋다. 다만 늘 사랑받고 자란 청년이었으며 영혼이 따뜻한 사람이었던 라파엘로가 바라보는 세상의 아름다움을 조금이라도 나누어가지는 기회가 되었으면 하는 바람이 간절할 뿐이다. 반복되는 일상과 무미건조한 삶의 굴레에서 안식을 찾으려 할 때 라파엘로의 〈성모자화〉를 바라보라. 아이를 사랑스레 감싸는 성모와 그 품에 안겨 세상을 평화롭게 바라보는 아기 예수의 모습은 힘들고 지친 사람들의 영혼에 충분한 안식처가 되리라 믿는다.

인문학 숲의 단상

라파엘로의 묘비에 다음과 같은 글이 적혀 있다. 이글은 벰보 추기경이 지은 것이라고 전해지는 것으로서 라파엘로의 미술세계를 잘 이해하고 있는 사람이라는 생각이 든다. "여기는 생전에 어머니 자연이 그에게 정복될까 두려워 떨게 만든 라파엘로의 무덤이다. 이제 그가 죽었으니 그와 함께 자연 또한 죽을까 두려워하노라."

라파엘로는 교황청의 신뢰를 받으며 로마에서 많은 작품을 남겼는데 당대에도 그의 작품은 이렇게 평가받았다. "로마를 건설하는 데는 고대의 수많은 영웅과 오랜 세월이 필요했고, 로마를 파괴하는 데는 수많은 적과 수백 년의 세월이 필요했다. 이제 라파엘로는 로마 안에서 로마를 되찾았고 그것을 발견했다. 찾아내는 데는 위대한 이가 필요하지만 발견은 신이 주관하신다."

라파엘로에 대한 관심어린 미술평론을 쓴 이로는 곰브리치E. H. Gombrich, 1909. 3. 30~2001. 11. 3 선생을 꼽아야 할 것이다. 그는 《서양미술사The Story of Art》에서 라파엘로에 대해 꽤 많은 분량을 할애하고는 다빈치나 미켈란젤로에 관한 부분과는 확연히 다르게 호감을 보여준다. "다빈치와 같이 광범위한 지식을 갖지 못했고 미켈란젤로와 같은 정력도 없었던" 라파엘로가 보여준 색다른 예술세계를 잘 포착하고 있는 점이 눈에 띤다.

9
슬픔과 관능의 유혹

아메데오 모딜리아니의
삶과 예술

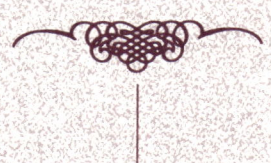

인문학 두드림 콘서트

한 사람을 가슴속에 묻다

가끔 그런 여성을 만나게 된다. 쉽사리 단정하기 어려운 묘한 기품을 보이고 있는 그녀. 귀족적이고 아름답다. 이야기를 나누다보면 스스로 말하기보다는 이야기를 들어주는 멋진 청중임과 동시에 좌담의 차분한 빛이 되어주는 사람임을 알게 된다. 대화를 끝내고 돌아갈 즈음에 모두들 문득 그녀가 그리워진다. 하지만 좀처럼 쉽게 다가서지 못한다. 그러면서 시간은 덧없이 흘러가고 바쁜 와중에 종종 생각나던 얼굴도 점점 옅어져 사라진다. 그러나 가끔씩 붉은 석양을 바라보고 있자면, 고독하고 기품 있던 한 사람이 마음에서 떠오른다. 흰 피부에 약간 길쭉한 얼굴을 가진 그녀의 음울한 표정, 그리고 관능적인 자태가 말이다.

고독과 열정 그리고 관능 그 모든 것을 가졌지만 모두들에게 곧 잊혀간 그녀를 한 화가는 잘 간직해 두었다. 음울한 눈동자의 관능적 자태 그리고 그 주위를 맴도는 붉은빛 열정, 굵은 선 처리에 진부한 듯한 색채표현이 반복되고 있었지만 그의 그림 속에 자리한 여인은 늘 새로운 감흥을 전해주곤 한다.

'그'는 관능과 슬픔을 아름다움으로 승화시킨 우울하고 고독한 예술가 아메데오 모딜리아니Amedeo Modigliani, 1884.7.12~1920.1.24였다.

아름다움, 그 이상以上을 향하고자 한
이상주의자 理想主義者

1906년 겨울, 이탈리아의 따뜻한 햇살을 등지고 차가운 겨울바람이 부는 파리에 22세 청년 모딜리아니가 미술도구를 잔뜩 짊어지고 몽마르뜨르 언덕에 이르렀다. 이제 예술의 도시에서 자신만의 무언가를 창출하여야 한다는 사실은 그에게 새로운 희망을 불러일으켰을 것이다. 인상주의의 마지막을 장식한 세잔느가 세상을 떠난 바로 그해에 몽마르뜨의 많은 예술가들은 앞으로의 미술세계가 어떻게 펼쳐질 것인지, 자신이 어떠한 작품세계를 이루어나갈 것인지 의문을 품었다. 꿈에 부푼 모딜리아니는 파리의 콜라로시미술학교에 등록하여 미술공부를 계속했고 이방인들을 만났으며 그들과 미적 이상향에 대해서 이야기를 나누었다.

그러나 현실은 그다지 밝지 않았고 적절히 현실과 타협해야 하는 비겁함도 필요한 것이었다. 몇 년간의 방황기를 거친 모딜리아니는 술·담배와 마약에 절어 젊은 육체를 타락시키고 있었던 것이었다. 그러나 모딜리아니는 곧 자신이 나아가야 할 방향을 잡아가기 시작했다. 이제껏 익혀온 데생이나 유화 솜씨 정도로는 자신만의 무언가를 만들어갈 수 없다는 사실을 절실히 깨달았던 것이다. 그런 기술로 생계를 유지하며 무위도식한다는 것은 전혀 어울리지 않았던 것이기도 했다. 모딜리아니는 자신만의 무언가를 만들어내려 다양한 미술적 시도에 접근했다. 그는 풍경화와 정물화에도 흥미를 보이며 새로운 인물화에 점차 접근하는가 하면 조각에도 관심을 가져 그 형태의 단순성에 주목하기도 했다. 스페인 청년 파블로 피카소의 입체주의적 형태에도 기웃거렸고 열정적인 이방인 청년 디에고 리베라의 두터운 색채감에도 관심을 보였다. 특히 브랑쿠시라는 조각가와의 만남을 통해서 모딜리아니는 양감과 질감을 주는 조각에 조예를 키워갔으며 '차가운 돌에서 무한한 따뜻함을 이루어냈던' 브랑쿠시와 같은 조각가의 삶을 꿈꾸기도 했다. 이런 연유인지 모딜리아니의 초기 작품들(1906~1913)에서는 모딜리아니만의 독특함보다는 그가 파리에서 만나게 된 다른 많은 화가·조각가의 예술세계를 다각도로 흡수한 흔적이 역력하다. 그래서인지 모딜리아니에 대해 많은 사람들은 아직도 '세잔느와 브랑쿠시, 피카소 등이 이리저리 섞인 화가'라고 생각하는지 모르겠다.

그러나 모딜리아니의 예술세계는 점차 자신의 '색채'를 냈고 연인 베아트리스를 만났던 1914년부터는 점차 모딜리아니만의 빛깔이 태동하고 있었다. 1914년 그해, 10년의 파리 생활 동안 다른 화가들이 앞 다투어 자신만의 무언가를 만들어 가고 있었다면 모딜리아니는 자

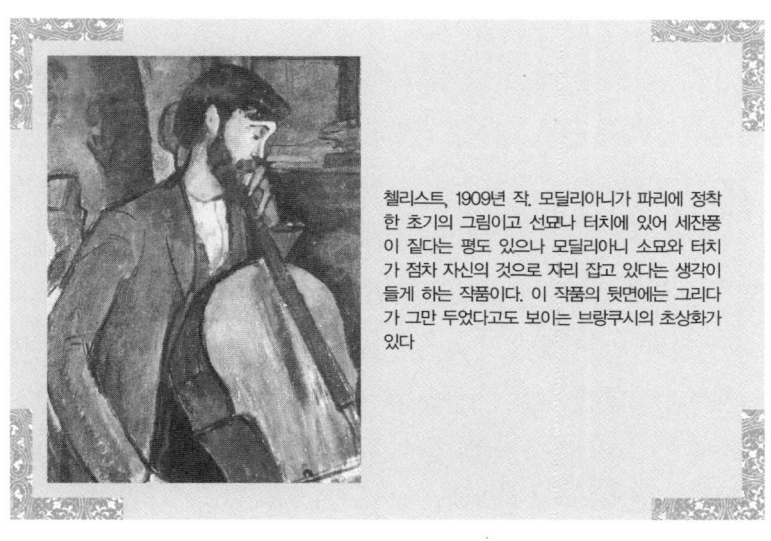

첼리스트, 1909년 작. 모딜리아니가 파리에 정착한 초기의 그림이고 선묘나 터치에 있어 세잔풍이 짙다는 평도 있으나 모딜리아니 소묘와 터치가 점차 자신의 것으로 자리 잡고 있다는 생각이 들게 하는 작품이다. 이 작품의 뒷면에는 그리다가 그만 두었다고도 보이는 브랑쿠시의 초상화가 있다

유대 여인(왼쪽), 젊은 여인(오른쪽), 각 1908년 작-두 작품은 앙데팡당전에 출품한 모딜리아니의 초기작이라고 할 수 있다. 당시 큰 반향을 얻지는 못했지만 주위의 화가나 화상들로부터 관심을 받았다. 모딜리아니의 예술이 점차 어떠한 방향으로 발전해 갈 것인가를 잘 지향하고 있는 면이 있다

신의 예술에 대한 불만족과 불신을 거듭하며 '철저한 자기부정'을 해왔던 것이었다. 그러는 동안에도 모딜리아니는 르네상스를 찬란히 꽃피웠던 이탈리아 예술가의 세련된 색채감각, 우아한 선처리기법을 익혀갔다. 당시, 반 고흐의 그림들이 뒤늦게 센세이션을 일으키고 있었고 파블로 피카소가 화상들을 매혹하는 새로운 기법을 개발하고 있을 때도, 모딜리아니는 자신이 이탈리아의 미술에 기초한다는 생각에 빠져있었다. 어린 시절부터 로마, 피렌체, 베네치아에 남겨진 르네상스의 미술은 그의 피에 녹아 있었던 것이다.

8년여의 방황기를 마친 그에게 1914년은 의미 있는 해였다. 바로 그해부터 모딜리아니의 미술은 점차 하나의 예술로 거듭나게 된다. 예술에 있어 빼놓을 수 없는 것이 두 가지라면 '사랑'과 '후원'이라고 하겠는데 그것이 모두 갖추어진 때였기 때문이다.

부부, 1915년 작. 이 작품의 모델에 대해서는 잘 드러나 있지 않지만 모딜리아니만의 뚜렷한 개성이 잘 숨 쉬고 있는 작품이다. 피카소가 추구한 입체주의의 영향을 받은 듯 형상왜곡과 자유로운 배치가 눈에 띤다

    파리의 청년 예술가는 우연한 소개로 영국출신의 여류시인을 만나게 된다. '베아트리스 헤이스팅스'라는 이름을 가진 운명적인 그녀는 격랑의 청년기를 겪는 젊은 예술가를 포용할 수 있는 나이와 지성을 가진 여성이었다. 제1차 세계대전의 혼돈 속에서 친구들을 전쟁터에 떠나보낸 모딜리아니에게 그녀는 심적 안식처가 되어주었다. 급속히 가까워진 두 사람은 동거를 시작했으며 각자의 예술세계를 존중하는 생활을 시작한다. '파멸형 천재'로 몰락할 수도 있었던 모딜리아니에게 그녀는 소중한 사람이었고 덕분에 모딜리아니 예술은 1914년부터 1916년까지 3년간 만개할 수 있었다.

    그리고 모딜리아니가 즈보로프스키라는 화상畵商을 만난 것은 커다란 행운이었다. 지금껏 파리라는 공간에서 모딜리아니의 예술에 애정을 보였던 것은 동료 예술가들(수틴, 콕또, 키슬링, 리베라, 피카소, 브랑쿠시 등)이나 지인들(폴 알렉상드르, 폴 기욤, 막스 자콥 등)이었으나 그들이 모딜리아니를 후원하는 것은 어려웠다. 모딜리아니의 예술적 감각을 아까워한 자콥이 즈보로프스키를 소개해주었고 즈보로프스키는 아낌없이 모딜리아니를 후원했다. 1916년 모딜리아니는 즈보로프스키와 전속 화상계약을 맺어 이제 더 이상 술집을 떠돌며 데생으로 연명하

자크립씨즈 부부의 초상, 1917년 작-부부를 그린 그림으로서 앞의 작품과는 다른 따스하고 원만하며 아늑한 분위기를 형성하고 있다. 모딜리아니의 초상화가 그의 인간애에 기초한다는 것을 보여주는 멋진 그림이 아닐 수 없다. 후일담이지만 그림 값은 '10프랑 그리고 약간의 술' 정도였다고 하며 조각가 립씨즈 부부의 결혼사진 포즈를 원형으로 했음에도 그 포즈가 굳어있거나 어색하지 않다는 점이 특징이다.

는 일은 없었다. 모딜리아니가 작품 활동을 중단하게 된 1919년까지 즈보로프스키의 후원은 계속되었고 모딜리아니는 그와 그의 아내를 위한 초상화를 몇 점 그려주기도 했다.

모든 것이 충만했던 3년 동안, 모딜리아니는 자신의 예술을 점차 형성해나가면서 유려하고 원만한 느낌을 주는 초상화들을 그렸고 그의 독특한 누드화는 점차 사람들에게 인기를 끌었다. 그러나 그는 젊은 예술가로서 불화가 끊이지 않았다. 베아트리스는 권투선수처럼 흥분하곤 했던 그에게 이렇게 말했다고 한다. "모딜리아니, 명심해요. 당신은 신사고 당신의 어머니는 귀족이라는 사실을 말이죠." 동거기간이 오래 지속되면서 문제가 생겼다. 예술가인 두 사람은 경제관념이 없어 즉흥적으로 살았고 생활은 흔들려갔다.

그러한 흔들림 속에서 두 사람은 안정을 잃어갔고 베아트리스도 인내심이 한계에 다다랐다. 결국 그녀는 모딜리아니와 크게 다툰 후 영국으로 돌아가버렸고 끝내 돌아오지 않았다. 모딜리아니는 연인을 잃

◘ 퐁파두크 부인의 초상, 1915년 작-명망 있던 귀족부인이었던 퐁파두크 부인의 초상인데, 이 그림은 모딜리아니의 연인이었던 베아트리스를 모델로 삼아 그렸다고 한다. 영국식 분위기가 물씬 풍기는 모자에 간소한 액세서리를 했던 이지적인 모습의 여류시인 베아트리스를 엿볼 수 있게 한다.

◘ 즈보로프스키의 초상-점잖고 온화현 성격의 감수성 풍부한 화상이었을 즈보로프스키에 대한 친근한 존경심이 잘 드러나 있다. 즈보로프스키의 전폭적인 후원은 모딜리아니에게 두 명의 연인만큼이나 큰 역할을 했던 것으로 보인다

은 슬픔을 삭여야만 했다. 그 공백을 참을 수 없던 모딜리아니는 삶의 의욕을 잃은 듯했다. 그러던 그의 화실에 한 여인이 찾아오면서 새로운 삶은 시작된다. 그녀는 잔느 에뷔테른느라고 불리는 미술지망생이었고 나이는 스무 살이 채 되지 않았다. 그녀는 흰 피부의 길쭉한 얼굴에 큰 눈동자를 가졌고 주위 사람들의 관심과 귀여움을 받고 자란 듯했다. 그녀의 인상은 '풋풋한 사과와 같은 느낌의 앳된 소녀'였다고 한다. 그러한 잔느가 모딜리아니와 가까워지면서 그녀는 모딜리아니의 새로운 동반자가 되어 작품활동에도 반려자가 되었다.

  1917년부터 1919년까지의 작품들은 모딜리아니의 작품 중에서도 많은 주목을 받고 있는 것이라 하겠는데 잔느 에뷔테른느와의 사랑이 없었다면 상상할 수 없다고도 할 수 있겠다. 잔느는 부모와 친구들의 반대에도 불구하고 모딜리아니와 결혼했으며 자신을 닮은 딸을 '잔느 Jeanne'라고 이름 지었다. 잔느가 곁에 있는 동안 모딜리아니는 농염하면서도 우아하고 또한 우수에 깃든 아름다운 누드화들을 그려내었다.

잔느 에뷔테른느의 초상, 1919년 작-모딜리아니가 잔느를 그린 그림은 많이 있지만 이 작품이야말로 잔느의 사실적이고 친숙한 인상이 잘 담겨 있지 않나 싶다. 아직 소녀티를 못 벗은 듯한 청순함과 모딜리아니라는 유리조각 같은 사람을 끝까지 지켜주었던 충실함이 잘 나타나 있는 초상이다. "죽어서도 내 모델이 되어 달라"는 모딜리아니의 유언을 잊지 못한 그녀는 결국 모딜리아니의 사후 곧 자살하고 만다

모딜리아니가 생활이 불규칙하며 뚜렷한 생계수단도 없는 무명화가였음에도 잔느의 헌신적인 내조는 계속되었고 모딜리아니는 이태리 출신의 대표적인 화가로 거듭났다. 당시 모네가 '수련垂蓮' 연작으로 따분한 그림들을 그려내고 있었고 피카소와 마티스 간에 가시적인 경쟁이 시작되었던 상황에서, 모딜리아니의 관능적인 누드화는 화단에 신선함을 제공했다(물론 음란하고 저속하다는 이유로 화랑에서 철거되는 상황도 연출됐지만 말이다).

그러나 운명은 늘 행복만을 주지 않는다. 모딜리아니는 젊은 시절 방탕하게 보낸 결과로 인하여 건강이 급속히 악화되었고 늘어가는 요양비에 비해 그의 그림활동은 점차 줄어들었다. 1919년 그림을 더 이상 그리지 못하게 된 모딜리아니는 이제껏 그가 그려보려 하지 않았던 자화상과 풍경화를 한 점씩을 그리고는 작품 활동을 중단했다. 그의 나이 35세였다.

1년여 간의 투병생활 동안 모딜리아니 부부는 주위의 안타까움과 동정을 받았지만 누구도 적극적으로 돕지 못했다. 방세에 밀려 옥상

❶~❸ 누드화(각기 '서있는 누드', '누워있는 누드', '앉아 있는 누드' 정도로 구별되고 있다). 모두 1917년 작으로서 그해는 모딜리아니가 생활의 안정을 찾으며 보다 충실한 작품 활동을 하고 있던 때였다. 모딜리아니의 누드화 또한 정점에 도달한 시기로서 모두 수작이라고 하겠다. 특히 '서있는 누드'라는 작품은 작품의 완성도가 다소 떨어지지만 그가 늘 추구한 '파란색의 신비'를 보여주고 있으며 농염한 여체의 찬미보다는 청순하고 가녀린 여인상을 표현하려 했다는 점이 주목된다

❹ 나부, 1916년 작. 모딜리아니만의 독특한 선과 색채는 바로 그의 누드화에서 빛을 발했다. 이 작품은 누드 연작 중에서 초기작품이라고 할 것으로서, 관능적인 표현은 적은 편이지만 우수, 관능, 고독이 절묘하게 결합되어 주홍빛과 코발트빛이 잘 어울리는 수작이라고 생각된다. 그의 누드화를 접하고 당시 많은 이들이 천박함과 저속함보다는 아름다움에 감탄했다고 한다. 그 이유는 무엇일까. 이러한 누드화들이 감수성 풍부한 영혼 맑은 청년 모딜리아니의 두터운 인간애에 바탕한 것이었기에 그렇지 않았을까

❺ 큰 나부. 1917년 작. 모딜리아니의 누드화 중 가장 널리 알려진 작품이다. 모딜리아니 예술의 정점이라고 할 만한 작품으로서 붉은 색채와 유려한 선묘에서 관능과 유혹의 느낌이 절로 들게 된다. 관능이라는 주제에 대해 이처럼 진솔하고 품격 있게 표현한 작품도 드물 것이다

미美 아름다움 돋보기, 미술이 우리에게 전하는 말

방으로까지 쫓겨간 그들은 '꺼져가는 생명'이 되어 세상에서 잊혀졌다. 1920년 1월 20일, 만삭의 몸이 된 잔느의 급한 연락을 받고 찾아온 지인들은 죽음에 임박한 모딜리아니를 자선병원에 입원시켰지만 이틀 후 몇몇 사람이 지켜보는 가운데 초라한 병원침대에 누워 신음하며 죽어갔다. 이탈리아 미학의 현대적 완성을 이루었던 모딜리아니는 모짜르트와 라파엘로만큼이나 젊은 나이였던 36세에 안타깝게 눈을 감았다. 그는 짧은 삶을 살면서 '미술의 아름다움', '사랑의 아름다움'을 남겼고, 모딜리아니의 부재를 참을 수 없었던 잔느가 옥상방 창문에서 무거운 몸을 던짐으로써 남은 모딜리아니와 함께 했던 두 생명도 꺼져갔다. 모딜리아니가 세상을 떠난 그 다음날 아침이었다.

이상적인 미에 대한 끊임없는 추구, 모딜리아니의 갈망

모딜리아니의 작품들을 통해 느끼는 감흥은 '고독孤獨', '우수憂愁', '열정熱情', '관능官能'이다.

　모딜리아니의 작품을 접하면 선천적인 외로움이라는 것을 느끼게 된다. 그의 작품은 아무리 친근하고 따뜻한 소재라 해도 얼마간의 고독이 숨 쉬고 있다는 것을 알 수 있다. 늘 같이 하면서 서로를 아끼며 살았던 부부의 초상에서도 모딜리아니의 고독한 취향은 그대로 묻어 있었다. 모딜리아니의 그림에서 느껴지는 고독감은 '감성적인 외로움의 체취'와 같은 것이다. 소극적인 성격에다 선천적인 장애를 가지고 태어나 주위 사람들에게 큰 관심을 받지 못했던 성장과정과 어린 시절부터 혼자 있기를 좋아했던 습관을 비추어보면 모딜리아니는 고독

여인의 두상, 1911~1913년 경. 모딜리아니가 얼마나 조각을 꿈꾸고 차차 자신의 조각세계를 이루어갔는가를 잘 보여주는 작품이다. 아프리카의 조각과 브랑쿠시의 영향을 배제할 수는 없지만 모딜리아니는 따스하고 우아한 조각을 만들어가며 그만의 우수와 관능을 보여주었다

한 여인의 초상. 1917년 작. 세련된 곡선미가 돋보이고 길쭉이 늘여놓은 목에서는 아프리카의 조각이 연상된다. 이처럼, 모딜리아니에게는 조각과 회화가 늘 공존하고 있었다

을 몸소 느끼며 자랐을 것이라고 추측할 수 있다. 그러한 모딜리아니 예술의 '외로운' 감흥은 사람들의 모성애를 자극하여 모딜리아니라는 감수성 풍부한 청년예술가를 아끼고 넓은 마음으로 사랑하지 않을 수 없게 만든다.

　모딜리아니의 작품에는 알 수 없는 슬픔이 자리하고 있다. 조각과 초상화에 드러난 어두운 톤으로 채색된 아몬드 모양의 '텅 빈 눈동자'와 하얗고 길쭉한 '얼굴상'에서 그러한 우수를 발견하곤 한다. 이른바 '모딜리아니 스타일Modigliani Style'이라고도 말할 수 있는 그림 속 인물들의 이미지는 아련히 슬픔을 자아내고 있기 때문이다. 그 느낌으로 인해 그의 작품들이 쓸쓸한 파리지엥의 뒷모습을 전해주고 있다고 평해지기도 한다. 그것은 보다 깊은 근원적인 우수라고 할 수 있고, 고단한 삶의 무게감에 지치면서도 삶의 아름다움을 추구하려하다가 번

❶ 아이를 안고 있는 여인- 1918년 작. 고단한 삶의 무게에도 자신의 행복을 찾아나가려는 짚시 여인의 애잔한 모습이 엿보인다. 엄마 품에서 곤히 잠들어 있는 아이의 모습에는 한없는 평화가 느껴진다

❷ 모자를 쓴 에뷰테른느, 1917년 작- 가장 애수가 돋보이는 작품이라고 하겠다. '노란 스웨터의 잔느'가 성숙한 여인의 아름다움이라면, '모자를 쓴 잔느'는 청순하고 풋풋한 여인으로서의 아름다움이 우아하게 표현되고 있다

번이 좌절하는 짙은 허무감을 내재하고 있는 것으로 보인다.

　모딜리아니에 관한 여러 일화를 접하게 되면 그가 얼마나 끓어 넘치는 열정으로 좌충우돌하는 삶을 살았던가 잘 알 수 있다. 그는 불량배들과 시비가 붙어 이리저리 사고를 치기도 했던 기인이었다. 굳이 많은 기행奇行을 들먹거리지 않더라도, 정열적인 이탈리아 태생의 모딜리아니가 22살에 파리에 도착해 8년여 간 방황기를 거치면서 직설적이고 격정적인 언행을 했으리라는 점은 쉽게 짐작할 수 있다. 또 모딜리아니는 즉흥적인 감흥을 중요시하는 젊은 예술가였다. 문득 사람들과 이야기를 나누다가도 그 대화 상대방을 모델로 삼아 그림을 그리기를 좋아했으며 주위의 사람들도 그러한 깜짝 이벤트에 감동을 받았다고 한다. 이러한 작가의 일화는 그의 미적 창조가 다소 충동적이었다고도 말할 수 있겠지만 늘 신선한 감수성을 유지한 채 불현듯 다가오는 예술적인 감흥에 충실했다고 보는 것은 어떨까. 모딜리아니가 젊은 나이로 세상을 떠나자 앙드레 살몽 등의 지인들은 모딜리아니가 생전에 보여주었던 이미지를 회상했고 많은 이들의 기억 속에 모딜리

푸른 옷을 입은 소녀, 1917년 작-맑은 동심을 가장 잘 표현한 작품이다. 맑디맑은 바다색과 같은 코발트빛 블루의 색채가 압권이다

아니는 '열정적이며 늘 불꽃같은 청년'으로 가슴에 묻혔다.

모딜리아니의 그림을 누군가 평하길 '밤꽃 냄새, 사과 썩는 냄새 그리고 그 유혹'이라고 했던가. 모딜리아니의 그림에서는 그러한 관능의 향이 짙다. 물론, 보티첼리의 '비너스', 루벤스의 '여신들', 고야의 '마하' 뿐만 아니라 게인즈버러의 유명한 귀족 규수들을 그린 초상에서도 여성들이 보여주는 관능미, 청순함, 우아함이 잘 표현되어 있다. 그렇지만 모딜리아니의 인물화, 특히 나부상裸婦像에는 그러한 화가들과는 다른 독특한 관능이 녹아 있다. '관능'은 사람만이 다른 사람에게서 느낄 수 있는 '아름다움'과 '음란' 그 중간에 위치하는 묘한 미감美感이리라.

모딜리아니는 회화뿐만 아니라 조각에도 큰 관심을 가졌고 마지막까지 조각에 대한 집착을 놓지 않았던 보기 드문 화가였다. 자신의 유명세에 겨워 회화 외의 다른 영역에 도전했던 피카소와 마티스와는 달리 모딜리아니에게는 회화만으로도 예술 활동을 영위하기에 어려운 실정이었으나, 늘 사암먼지를 뒤집어쓰면서도 고집스럽게 자신의

노란스웨터의 에뷔테른느, 1918년 작-작가 말년의 초상화 작품이라고 볼 수 있겠다. 마치 모네의 '일본풍 의상의 까미유'를 연상시킨다. 같이 있는 누군가의 일상적이지만 아름다운 모습을 포착한 느낌이다. 그러한 작은 일상의 행복이야말로 '예술과 더불어 사는 삶의 지복至福'이 아닐까. 그림에서 느껴지는 아늑함과는 달리, 이 당시 모딜리아니의 결핵은 크게 악화되고 있었고 잔느는 가난 속에서 두 번째 아이를 임신하고 있었다고 전해진다. 사람을 사랑하면서 사람만을 그려온 화가의 남아 있는 모든 열정이 녹아 있다

미적 이상을 조각에도 펼쳐보려 했다. 모딜리아니의 조각에는 로댕의 모호한 낭만주의를 배격하고 보다 진솔한 표현을 보여준 브랑쿠시, 립씨즈의 조각을 이어가려는 모딜리아니만의 철학哲學이 내재되어 있었다. 물론 아프리카의 토속조각이나 브랑쿠시의 조각파의 영향을 완전히 배제하기는 어렵지만 모딜리아니의 조각품에는 그의 회화에서 볼 수 있었던 고독, 우울, 관능 그리고 인간애라는 그만의 독특한 색채가 잘 드러나 있다.

 모딜리아니의 예술세계에서 빠지지 않아야 할 것은 그의 인간애에 관한 부분이다. 그는 감성에 충실한 이탈리아 이방인이자, 자신의 예술세계를 확신했고 인물화를 주로 그린 청년예술가였다. 그래서일까? 그의 그림과 조각을 보면 그가 갈망한 '사람에 대한 그리움'을 접할 수 있다. 그가 인물화와 인물조각에 깊이 천착했던 것이야말로 그의 한없는 인간애에 대한 반증이며, 어떠한 대상보다도 사람에 대해서

미적 이상을 찾아보려는 시도야말로 인간적인 면모라고 볼 수 있지 않을까.

그는 여인의 초상을 많이 그렸다. 우연히 마주친 소녀에서부터 부잣집 하녀, 부유한 귀족, 거리의 창녀, 자신의 연인 모두를 그려냈다. 성격과 외모가 모두 제각각인 그들은 나이, 신분을 막론하고 모두 모딜리아니의 그림 속에서 하나의 이미지인 양 '미적인 감흥을 농익게 표출하고 있는 한 여인'으로 나타나고 있었던 것이다. 그림들에서 종종 일치하는 이미지로 나타나는 여인상은 어머니 내지는 잔느일지도 모른다. 하지만 그녀는 단지 그런 모델이 아니라 모딜리아니가 늘 자신의 마음속에 간직하고 있었던 이상적인 여인상이었으리라. 모딜리아니에게 그러한 미적감흥을 주었던 여인이 누구였는지는 중요하지 않다. 그녀는 모딜리아니에게 여인의 아름다움, 추억과 관능의 아름다움에 대해서 깊은 인상을 주었으며, 모딜리아니는 그녀를 자신의 그림과 조각에 간직함으로써 상대에게 보답했던 것이다.

한 화가가 남기려고 한 '그 모습'은

반 고흐만큼이나 완고한 고집과 뚜렷한 개성을 보여 생전에 인정받지 못한 화가, 모차르트와 라파엘로만큼이나 더 많은 예술을 보여주지 못하고 젊은 나이에 세상을 떠난 비운의 예술가 '모딜리아니'가 있었다. 그는 온갖 예술이 뒤섞인 파리라는 도시에서 이탈리아의 미적 감각을 잃지 않았던 고집쟁이였고 그 고집스러움은 결국 그의 개성을 표출시켰다. 청년예술가 모딜리아니는 이탈리아 미학을 현대적 완성으로 승화했고 사후死後에 베네치아 비엔날레의 이탈리아관 추대작가가 되어 그 예술성을 인정받게 된다. 그는 '사람의 아름다움'에 천착했으며 그 '미학'에 대해서는 우직함과 자존심 그리고 철저함을 잃지 않으려 했던 한 예술가라고 할 수 있다.

모딜리아니 그림 속의 '여인'에 대해서 생각해본다. 여인은 한 순간의 아름다운 이미지를 남기고 추억 속에서만 살아 있는 존재가 되었을 것이다. 그리고 그 후 한평생 다시는 그녀를 만나지 못했을지 모른다. 하지만 화가가 그려낸 이미지 속에서 그녀는 성숙, 고독, 우수, 관능에 대한 영원한 추억과 동경의 대상이 된다. 바로 그때 '유려한 선의 화가', '관능의 미감을 간직하고 있는 화가' 아메데오 모딜리아니에게 공감과 고마움을 새삼 느끼게 될지도 모를 일이다.

인문학 숲의 단상

모딜리아니의 그림에 이탈리아 미술의 도도한 흐름이 완연히 흐르고 있었음은 결코 우연이 아닐 것이다. 미술에 뜻을 두고 이탈리아에 산재한 그리스·로마 그리고 르네상스의 많은 미술품들을 직접 접하면서 토스카나의 유태계 귀족가문 태생인 그가 느꼈을 '이탈리아인'이라는 자부심은 터무니없는 것이 아니었을 것이다. 그는 파리 생활 초기에 다른 미술 조류에 섞여 3류작가로 되는 듯했으나 곧 자신의 정체성을 깨닫고 이탈리아의 유려한 미술 전통 위에 자신의 개성을 접목시킨 하나의 예술을 탄생시켰다. 그가 늘 조국을 그리워했다는 사실은 그가 아름다운 이탈리아의 후예라는 생각을 가지고 있었다는 것을 잘 보여준다. 그는 죽기 전 이렇게 말했다고 한다. "Cara Italia(그리운 이탈리아)"라고. 결국 그의 뜻을 존중한 동료들이 세워준 그의 묘비에는 이탈리아어로 이렇게 새겨지게 되었다. "아메데오 모딜리아니, 화가 1884년 7월 12일 리브르노 생, 1920년 파리 사망, 이제 바로 영광을 차지하려는 순간에 죽음이 그를 데려가다." 2년 후 그의 조국 이탈리아는 모딜리아니의 예술성을 인정하게 되었고 1922년 베니스 비엔날레 이탈리아관 전체를 아메데오 모딜리아니라는 무명 화가의 회고전retrospective에 바쳤다.

짧은 생을 살면서, 세속적인 가치에 대해서는 그다지 큰 복을 누리지 못했던 모딜리아니였음에도 그는 자신의 삶에 늘 만족해했다. 무작정 파리로 올라와 방황을 하던 때도, 베아트리스가 떠나간 후 큰 공허감에 사무칠 때도, 그의 작품이 늘 팔리지 않았을 때도. 결핵으로 몸을 더 이상 가눌 수 없을 때도 모딜리아니는 삶에 대한 찬미를 놓지 않았다. 1919년 4월, 모딜리아니는 그의 어머니에게 "어머니, 저는 참으로 행복합니다……"라고 편지를 썼다. 그의 병세가 악화일로에 치닫고 있던 때였다. 삶이라는 것에 대해서 인간이라는 존재에 대해서 늘 만족과 행복을 느꼈던 내성적인 청년의 모습을 새삼 느낄 수 있다.

10 인류의 위대한 스승
   공자의 《논어》

11 운명 앞의 사람은 먼지처럼 흩어져버린다
   셰익스피어의 〈4대 비극〉

12 권리 위에 잠자는 자는 권리를 보호할 가치가 없다
   폰 예링의 《권리를 위한 투쟁》

13 당신들의 천국에서 우리들의 낙원으로
   이청준의 《당신들의 천국》

문 文
고전의 숲에서 미래를 찾다

10
인류의 위대한 스승
공자孔子의 《논어論語》

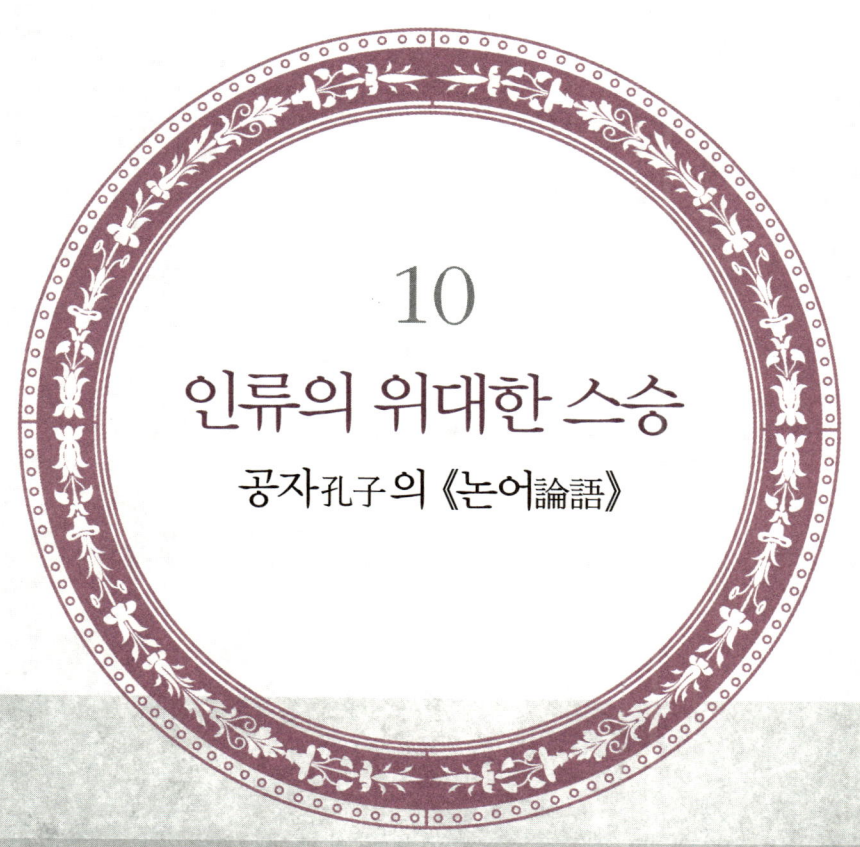

인문학 두드림 콘서트

우주에서 가장 훌륭한 책

언제부터 《논어》의 구절들을 접해왔던가. 어린 시절 처음에는 학이시습學而時習, 전전긍긍戰戰兢兢, 여리박빙如履薄氷, 절차탁마切磋琢磨, 화이부동和而不同, 문일지십聞一知十, 요산요수樂山樂水, 극기복례克己復禮, 기소불욕물시어인己所不欲勿施於人 등의 고사성어가 담겨 있는 말씀집 정도로 받아들이는 수준이었다. 그러다 배움이 늘어나고 커가면서 점차 그러한 구절들을 하나로 이어주는 공자孔子, Confoucious, B.C. 551~479의 사상과 철학을 발견하게 되었다. 대학 3학년에 접어들어 사서四書를 차차 정독하면서부터였다.

살아가는 길을 모색하려 한 그때, 공자의 《논어》는 어떠한 느낌으로 다가왔던 것일까. 선배의 낡은 서장에서 꺼내온 곰팡이 냄새 풍기는 《논어》라는 책은 많은 호기심을 가져다주었다. 답답하고 고지식한 한문 투의 옛날 얘기라고 지레짐작한 선입견을 한 번에 날려버리는 멋진 구절이 많았다. 특히 무엇보다도 공자의 사람됨에 크게 빠져들 수밖에 없었다. 오래전 중국의 석학인 정현선생이 "요즘(2세기) 애들은 책을 안 읽어"라고 한탄하면서 《논어》 읽기를 권했다는 일화가 있는 바, 과연 그럴 만했다는 생각이 들 정도였다. 또한 예나 지금이나 어른들은 어린 사람들을 질책하기 마련이라는 생각도 해본다.

공자의 말씀과 삶이 담긴 기록, 《논어》

《논어》는 과연 어떤 책인가. 《논어》에 대해서 많은 사람들이 선입견을 가지고 대하기 마련이다. '보수적이고 경직된 사고체계 하에, 권위에 대한 복종의 자세를 견지하면서, 일방적인 설교를, 지겨운 문체로 늘어놓은, 구태의연함의 결정본'이라고 그 선입견을 정리할 수 있을까. 이에 더 나아가 "공자가 나라를 망쳤다"는 중국공산당의 선동이 떠오르기도 한다. 하지만 이런 선입견은 큰 실수라 하겠다. 《논어》는 그런 선입견을 가진 사람들을 부끄럽게 하는 훌륭한 책이기 때문이다.

《논어》는 쉽게 말해 '논論'과 '어語'로 이루어진 공자 사후의 추모집 정도로 이해해도 좋다. 논論이란 공자를 비롯한 선현께서 어떠한 주제에 대해 말씀한 것이고, 어語는 공자와 제자들의 문답을 보여주는 것이라 할 수 있겠다. 《논어》는 공자를 비롯한 여러 현인들의 말씀이며 또 그들의 말씀에 이의와 의문을 제기하는 젊은 청년 제자들과의 토론이라고 본다면 보다 정확하다 하겠다. 그렇다면 《논어》의 성격은 대강 짐작할 수 있으리라. 《논어》는 공자라는 성인의 일방적인 연설이 아니며 공자와 제자들 간의 언행을 기록한 책이고 공자라는 스승이자 사상가의 바이오그래피라고 할 수 있다.

그렇다면 《논어》의 어떤 점이 사람들의 마음을 사로잡는가. 우선 《논어》는 공자의 말씀뿐만 아니라 공자의 평소 행동과 처신이 잘 드러날 정도로 생생히 살아 있다. 《논어》 외에 그 어떤 책도 주인공의 몸가짐을 그처럼 구체적이고 세밀하게 묘사한 것은 없으리라. 이런 점이 있기에 《논어》는 여타의 다른 사상서와는 다른 독특한 특색을 보여주고 있는 것이다. 예를 들어, 공자가 나라의 제사에 나가 어린아이처럼 하나하나 물어가면서 예법을 실행했다는 것이라든지, 나라의 간신姦臣

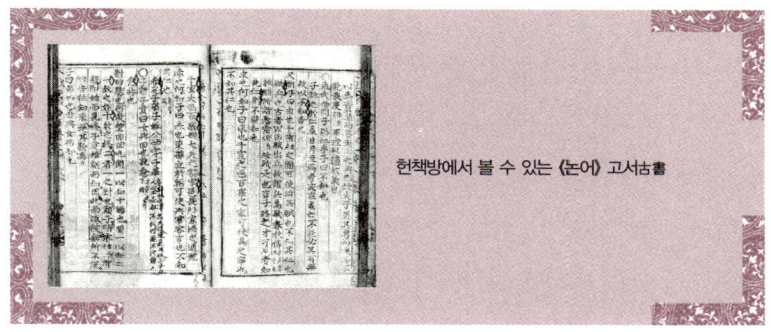
헌책방에서 볼 수 있는 《논어》 고서古書

을 만나지 않으려 재치 있게 행동하는 모습이라든지, 늘 정갈한 음식을 접했으며 잠들 때도 조신한 태도를 보였다는 모습이라든지, 노나라 애공을 만나서는 자신의 요절한 제자인 안연을 그리워하고 안타까워하는 태도를 보인다든지 등등이 바로 《논어》만이 보여줄 수 있는 생기 있는 분위기라 하겠다.

또한 《논어》는 많은 깨달음과 교훈을 주고 있기에 매력적이다. 이제는 서양에서도 관심을 갖고 있지만, 지금껏 동양에서 《논어》만큼 인구人口에 회자된 책은 드물 것이다. 《논어》가 전하는 메시지를 동서양이 고금을 막론하고 기꺼이 받아들이는 이유는 바로 인생에 있어 도움이 되는 작은 밀알을 발견할 수 있게 하기 때문일 것이다. 첫 구절인 '배우고 때때로 익히니 어찌 기쁘지 아니한가'를 비롯하여, 공자의 삶이자 모든 인생의 좌표를 보여주는 "15세에는 배움에 뜻을 두고(志學), 30세에는 자신을 알아 일어서고(而立), 40세에는 미혹하지 않으며(不惑), 50세에는 천명을 알고(知天命), 60세에는 귀에 들리는 소리들이 순탄해지고(耳順), 70세에는 마음먹은 대로 행동해도 도에 어긋나지 않게 되었다(從心所欲不踰矩)"는 구절들이 바로 인생의 밀알이 되는 말씀들이다. 논리와 직관에서 비롯했지만 수없는 세월을 살아오면서 경험으로 뒷받침된 공자의 말씀은 좋은 논리와 예리한 비판이 없음에도 많은 사람들에게 깨달음을 줄 수 있었다.

그리고 《논어》는 공자라는 사람에게 푹 빠질 수밖에 없는 큰 매력을 가지고 있는 책이다. 《논어》는 공자의 일대기이며 공자의 삶이 고스란히 담겨 있다. 이 책은 공자가 주인공이며 사상가의 말씀부터 그 생활 태도까지 드러나 있기에 친근하게 공자를 접하고 대할 수 있게 된다. 물론 이 책이 공자 사후死後에 편집된 저작이기에 그 집필에 있어 과장과 가감이 있었을 것임에도, 공자라는 사람을 본체에 가깝게 볼 수 있다는 점에서는 큰 무리가 없다. 우선 공자는 스스로 많은 것을 이루어낸 자수성가의 인간형을 잘 보여주었고 인간의 가능성에 깊은 신뢰를 보여준 보기 드문 위인이었다. 아버지가 누구인지도 모르고 시골의 천한 가정에서 태어났음에도 공자는 어려서부터 다양한 사회 경험을 쌓으며 공부를 게을리 하지 않았다. 그 결과 노나라의 고위 관직에까지 오르고 그 후에는 사상가이자 사회변혁가로서 제자들과 함께 유가사상을 반석 위에 올려놓았다. 공자는 사람이 배움을 통해 더 나은 방향으로 발전할 수 있다는 믿음을 가지고 있었다. 그 자신 스스로 '향상일로向上一路(더욱 높은 곳을 향한 길)'의 생애를 살면서 그 진리를 사람들에게 잘 보여주었다. 이렇게 공자가 무無에서 유有를 창조한 인물이었기에 누구나 공자를 존경하지 않을 수 없었으며 단지 몇몇 모략가들이 그의 천한 출신을 흠잡으려 했을 뿐이었다.

공자는 원칙과 도리를 바로 세우고 세상을 깨우치려 한 혁신적인 사상가였다. 당시 정세가 점차 힘의 구도로 구획되면서 사람들은 도리와 원칙보다는 편법과 모략에 보다 관심을 가졌다. 그럼에도 공자는 혁신적으로 '규칙(Rule)이 적용되는 이상사회'를 사람들에게 그려보였던 것이다. 그는 정의와 부정의를 구별했으며 하늘의 순리와 사람의 도리를 사람들에게 전하려 노력했다. 그는 결코 논리 중심의 편협한 사고를 갖지 않으려 했다. 그는 원리원칙을 중시하면서도 양시론兩是論(모두 옳다)이나 양비론兩非論(모두 그르다)에 기울지 않았으며 옛것을 존중하면서도 새로운 것을 배우려는 '온고지신溫故知新'의 사상가였다.

공자는 또한 멋스러움을 아는 지성인이었다. 공자는 유가의 경전이라 할 《시경詩經》, 《서경書經》, 《역경周易》을 새로이 주목하면서 많은 이들에게 그 사상을 전하려 했다. 특히 아름다운 언어의 집합체인 《시경》과 세상에 대한 거시적인 통계학인 《주역》에 대한 관심이 남달랐다. 《논어》에는 시경의 한 구절인 '절차탁마切磋琢磨'를 토론하는 구절이 있고 그 외에도 공자는 시경을 즐겨 인용하는 모습을 보여준다. 공자가 자신의 친아들인 백어에게 "시를 배웠느냐. 시를 배우지 않으면 아름답고 바른 말을 할 수 없다"라고 하며 시경 읽기를 권하는 구절이 나오는데 공자가 얼마나 시경을 애송했는가를 잘 알 수 있다. 공자는 또한 주역에 드러난 순리와 운명론이 인간사에 어떻게 적용되어 가는지 많은 호기심을 가졌던 것으로 보인다. 이른바 그가 주역읽기를 좋아해서 죽간의 끈이 세 번 떨어졌다는 고사인 '위편삼절韋編三絶'은 그의 주역에 대한 애착과 관심을 잘 엿볼 수 있다. 공자는 음악에도 조예가 있어 당시의 궁중 음악가와도 음악에 대한 대화를 나눌 수 있는 정도의 수준이었으며 《악경樂經(음악에 관한 교본)》에도 관심을 가졌다. 이러한 일화들은 흔히 알려진 공자의 모습과는 다르다고 할 수 있다. 고리타분한 훈계와 계시를 늘어놓는 훈장 선생님일 것이라는 생각보다는 풍류에 밝았던 한량閑良의 모습을 엿볼 수 있기에 더욱 즐거워진다.

공자는 또한 바른 스승상을 정립한 훌륭한 사표師表라 할 수 있다. 공자는 그의 사상을 제자들과 정치가들에게 전하면서 늘 대화와 토론을 중시하려는 모습을 보여주곤 한다. 그는 자신의 이야기를 말하기에 앞서 상대의 태도와 성향을 잘 파악하고 상대의 의문에 정곡을 찌르는 간결한 답변을 한다. 가령 '인仁(어진 모습)'에 대해서 많은 제자들이 물어오지만 공자의 대답은 한결같은 것이 아니라 미묘한 차이를 보이며 상대를 납득시키고자 하는 것이다. 그는 상대방의 의중을 파악하고서는 그가 가장 의문 드는 점에 대해서 따스한 어조로 일러주는 역할을 할 뿐이었다. 그는 그 당시 저 멀리 아테네에서 '산파술'이라는 교육법을 창시한 소크라테스와도 같은 역할을 충실히 해나갔으며 진정 '열린사회'의 스승이라 할 만했다. 또한 그는 스승으로서 모범이 되는 모습을 자주 보이려 애썼으며 '중용의 도를 체득한 사람'이자 '바른 도를 걷는 생활인'이라는 자신의 모습을 제자들에게 정립해주었다. 가르치는 것을 직업으로 삼은 최초의 인물이 공자이며 또한 그러한 방면으로 가장 성공한 인물이 공자였다고 단언해도 과장은 아니리라고 본다.

공자의 멋스러운 제자, 안연과 자로

《논어》에는 공자 외에도 다른 이야기가 있다. 바로 공자의 제자들에 대한 이야기다. 공자는 예수나 석가가 그러했던 것처럼 많은 제자들과 대화와 토론을 했으며 자신의 사상을 정리하여 설파해나갔다. 그중에서도 공자를 보필하는 데 가장 애를 썼고 상좌 제자 노릇을 충실히 해낸 '자공'을 비롯하여 가장 촉망받던 제자이자 공자의 큰 관심을

받았으나 요절한 천재 '안연', 의로움의 화신이자 굿스러운 젊은이로 기억되는 '자로', 효행에 뛰어났던 '민자건'과 '증삼', 덕행에 뛰어난 '염백우'와 '중궁', 화술과 사교술에 능했던 '재아', 정치에 남다른 재주를 보였던 '염유'와 '계로', 문학에 뛰어났던 '자유'와 '자하' 등이 돋보일 것이다.

이런 쟁쟁한 인물 중에서도 특별히 언급해야 할 두 사람이 있다. 바로 안연(回)과 자로(由)일 것이다. 안연은 가장 뛰어난 제자라고 당대부터 명망이 있었으며 '단사표음簞食瓢飮'과 '문일지십聞一知十'의 주인공이기도 하다. 가난하면서도 인행, 덕행을 게을리 하지 않는 모습을 보여주었으며 하나를 들으면 열을 아는 비상한 인물이었다. 공자로부터 "학문을 좋아하고, 노여움을 옮기지 않으며 잘못을 되풀이 하지 않는다"라는 칭찬을 받은 바 있던 수제자였다. 그중에서도 주목해야 할 안연의 모습은 그의 박학다식한 천재성보다도 실천 중심의 태도라고 하겠다. 《논어》 제12편 '안연편'에는 이런 구절이 있다. 안연이 '인仁(어진 모습)'에 대해서 여쭙자 공자는 유명한 구절로 대답하는 바, "내 몸을 삼가서 예로 돌아가는 것이다(극기복례克己復禮)"라고 했다. 그런데 하나를 들으면 열을 아는 주인공인 안연이 다시 묻는 것이 아닌가. "선생님, 그 자세함을 여쭙고자 합니다(청문기목聽問其目)"라고 말이다. 이에 큰 스승 공자는 침착하게 그 세세함을 일러준다. 안연이 궁금해하는 것을 잘 알기 때문이었다. 공자는 "예에 어긋난 것은 보려 하지 않으며, 예에 어긋난 것은 듣지 않으며, 예에 어긋난 것은 말하지 않으며, 예에 어긋난 행동은 하지 않는다(비례물시非禮勿視 비례물청非禮勿聽 비례물언非禮勿言 비례물동非禮勿動이라)"라고 말하며 그 대답을 마친다. 이에 안연이 답하는 바, "회回가 비록 지둔하지만 그 말씀을 실천

해보겠습니다"라고 하면서 이 문답을 마무리 짓게 된다. 이 구절에 주목하는 이유는 실천에 보다 힘쓰려는 안연의 자세가 드러나 있기 때문이다. 안연이 보통 제자였다면 "알겠습니다, 선생님" 내지는 "선생님의 말씀은 훌륭하십니다" 정도로 답을 했겠지만 뛰어나고 성실한 제자였던 안연은 실행의 의지를 보이며 빛나는 대답을 한 것이다. 공자와 그의 수제자 안연 간에 종종 느꼈음직한 미묘한 '이심전심以心傳心'의 감흥을 이 구절은 잘 표현해주고 있다. 그러나, 안연은 70세가 넘게 장수한 공자를 남기고 41세에 요절한다. 이때 친아들을 이미 떠나보냈던 공자의 슬픔은 안연의 죽음으로 극에 달했다고 보여진다. 《논어》에도 공자가 극히 상심하는 이례적인 모습을 보여주는데 공자는 "오! 하늘이 나를 버리시는구나(천상여天喪子 천상여天喪子)"라고 되뇌었고 "이 사람을 위하여 통곡하지 않으면 누구를 위하여 통곡한단 말이냐(비부인지위통이수위非夫人之爲慟而誰爲)"라며 통탄했다. 그리고 수년이 지나 노나라 애공과 계강자와의 대화에서도 공자는 "안회야말로 제자 중에서 배움을 좋아했으나 요절했다"고 언급하며 그 안타까움을 이어갔다. 흔히 '삼국지를 읽다가는 관우가 죽을 때, 유비(촉한소열제)가 죽을 때 그리고 제갈량이 죽을 때 딱 세 번 읽던 책을 내던지게 된다'고 하는데, 실로 이 부분은 《논어》를 읽다가 책을 놓고 온갖 상념에 젖게 하는 순간이라고 보인다. 안연, 그는 어떤 인물이었던가. 《논어》에서 공자 다음가는 주인공이자 읽는 이의 마음을 설레게 하는 '배움의 화신'이었다. 어느 날엔가 도올 김용옥선생은 이렇게 말한 적이 있다. "《논어》를 읽다가 안연(回)이라는 문구가 나오면 가슴이 두근거리고 설레게 된답니다."

　이쯤 되면 안연이라는 인물의 매력에 빠지는 것이 물론 당연하겠지

만, 자로子路라는 또 다른 인물에 주목하게 된다. 그는 안연과는 상당히 다른 사람으로서 공문의 제자가 되었다는 사실도 자못 신기한 일이었다. 그는 원래 시장의 무뢰배 출신이었으며 교양도 부족한 사람이었다. 그러나 강직하고 성실하며 우직한 성품을 가지고 있기에 주위에서 좋은 평판을 받은 인물이었으며 자신의 부족함을 일러주면 곧 결점을 고치려고 하던 큰 도량의 인물이었다.

그가 유가의 옷을 입고 공문의 제자가 되면서 그는 과거의 잘못을 깨닫고 새로이 수행의 삶을 살았다. 그는 공자의 신변을 보호하기도 했으며 그런 연고로 늘 공자 가까이에서 공자의 말씀을 접할 수 있었다. 그는 당돌한 질문을 하곤 했는데 공자는 그의 거칠고 성급한 화기火氣를 점잖게 타이르며 그가 납득할 수 있도록 말씀을 정리하시곤 했다. 그는 순수하고 강직한 성격 외에도 악기를 잘 다루는 재주가 있는 멋스런 사람이기도 했다. 또한 《논어》에도 소개되듯이 자로는 남의 송사에 참견하기를 좋아했는데 늘 공정하게 판결을 내리는 정직하고 소신 있는 모습을 자주 보여주기도 했다. 공문孔門의 제자 중에서 자로는 자주 엉뚱하고 무식한 질문을 하곤 하지만, 그럼에도 늘 진지하고 정직한 인간됨을 보여주고 있기에 그를 사랑스레 바라볼 수밖에 없는 것이다.

아무튼 그렇게 좌충우돌의 인간이었던 자로는 위나라에 가서 관직을 얻어 활동했는데 공자는 항상 그의 결백함과 강직함을 걱정했다. 결국 자로는 내란에 휘말려 반란군에게 잡혀 죽게 되고 반란군은 자로의 시신을 소금에 절인다. 충격적인 죽음이었다. 공자는 이러한 소식을 듣고 집에 있는 젓갈음식을 다 갖다버리라고 호통을 쳤다고 한다. 공자의 상심이 얼마나 컸는지 넉넉히 짐작할 수 있다. 이러한 자로의 최후는 《사기-공자세가》, 《공자가어》에 소개되는 일화이며 훗날 많은 이들은 두고두고 그의 죽음을 안타까워 했다. 늘 강하고 곧은 모습을 보여준 자로, 그대는 결국 바람에 부러지고 말았구나.

백가쟁명의 으뜸에 당당히 서다

근대로 접어들면서 '공자 왈 맹자 왈' 하는 유가 사상이 결국 나라를 망친 것이라는 주장이 떠돌곤 했다. 새로운 세상에 적응하지 못하는 답답하고 고루한 사고방식에다가 공감할 수 없는 보수적인 세계관이 유학의 전부인 양 단정해버리곤 했다. 그러나 유가 사상만이 보여준 '원리원칙을 세우려는 분명한 사고방식', '세상을 바르게 이루어보려는 열정', '인간에 대한 무한한 신뢰' 그것으로도 유학은 우리 사회의 미래를 열어보였다.

　무려 2,500년 전, 사상의 황금기였던 춘추시대, 열린사회 안에서 더 나은 세상을 위해 많은 사상가들이 논박을 벌였던 그때를 동양인은 반드시 그리고 자랑스럽게 기억해야 할 것이다. 그리고 그 사상들의 중심에 공자와 그의 《논어》가 있었음을 기억하게 될 것이다. 《논어》는 언제까지나 세상에 남아 늘 새로운 가르침으로 사람들에게 다가설 것이라고 확신한다. 수천 년 전 많은 이들이 더 나은 세상을 향해 집념을 보여준 춘추시대는 많은 가르침을 주는 시대이며 그때 만개한 백가쟁명百家爭鳴의 정점에 바로 그가 있다. 진정 멋스러운 사람들인 공자와 그의 제자들 말이다.

인문학 숲의 단상

공자와 함께 동양 사상계를 양분한 도가사상의 대가인 노자를 언급하지 않을 수 없다. 노자는 늘 큰 시각으로 유가의 논리정연하고 정치한 사고체계를 비판하곤 했다. 《사기》에 나오는 '공자와 노자의 만남'에서 그러한 점은 잘 드러난다. 아마도 노자는 공자를 비롯한 유가의 강직함을 경계하려 했던 것으로 보인다.

"공자는 노나라에서 노자를 만났는 바 공자가 떠나려 할 때 노자가 송별하며 말했다. '총명하고 깊게 관찰하는 사람에게는 죽음의 위험이 따르는데 이는 남을 잘 비판하기 때문이며, 많은 지식을 가지고 재능이 뛰어난 사람은 그 몸이 위태로운데 이는 남의 결점을 잘 지적하기 때문입니다. 사람의 자녀된 자는 아버지 되는 사람 앞에서 자기를 낮추고 사람의 신하된 사람은 임금 앞에서 자기를 치켜세우지 않는 법입니다.'"

-사마천의 《사기》 중 제47권 '공자세가'에서

《논어》의 첫 구절을 소개한다. 많은 이들이 암송하는 구절이고 언젠가는 들을 수 있는 명구로서 《논어》라는 책과 공자라는 사람을 잘 압축하고 있다.

學而時習之 不亦說乎아
(배우고 때때로 익히니 어찌 기쁘지 아니한가)
有朋이 自遠方來하니 不亦樂乎아
(멀리서 친구가 찾아오니 어찌 즐겁지 아니한가)
人不知而 不慍하니 不亦 君子乎아
(사람들이 알아주지 않아도 화내지 않으니 어찌 군자가 아니겠는가)

-《논어論語》'학이學而' 편

사회생활을 하다보면 흔히 '왜 다른 사람들이 내 능력과 장점을 인정해주지 않는가' 하고 야속하게 생각하면서 자신에게 걸맞은 더 높은 대우를 바란다. 하지만 '늘 자신을 되돌아보며 그 성품과 실력을 키워가게 된다면 지위나 명예는 그에 따르는 부차적인 것이 아니겠느냐'고 논어는 넌지시 일러준다.

子曰 不患無位오 患所以立하며 不患莫己知오 求爲可知也니라
(벼슬자리가 없음을 걱정하지 말고 자기의 자격을 근심하며 나를 알아주지 않음을 걱정하지 말고 참으로 알려질 수 있도록 늘 구하라)

—《논어論語》'이인里人'편

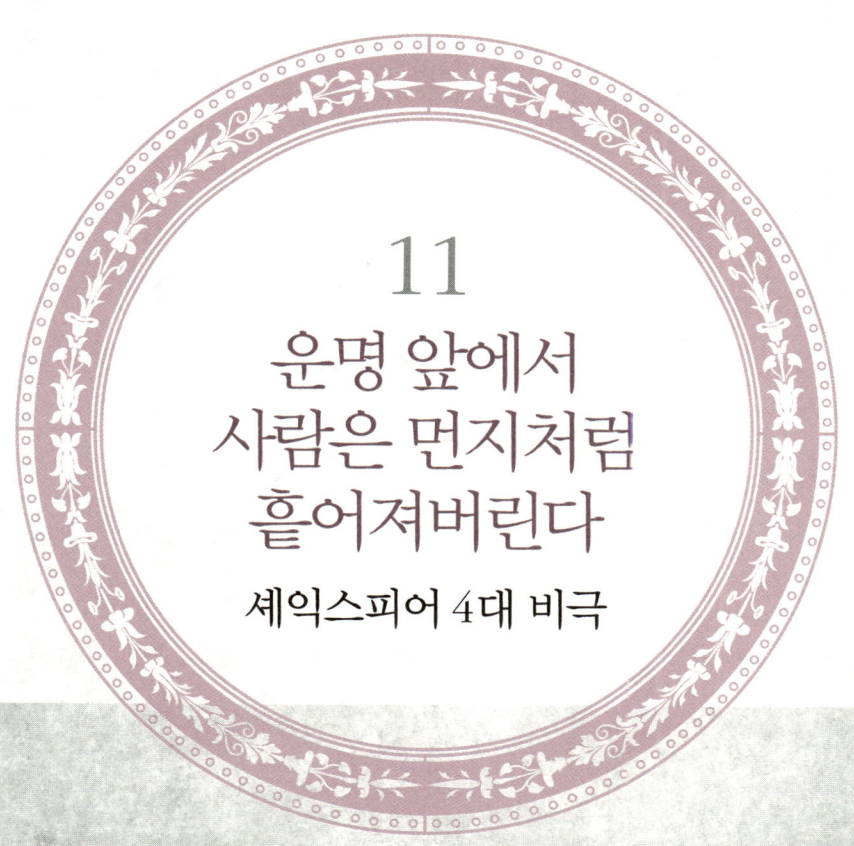

11
운명 앞에서 사람은 먼지처럼 흩어져버린다

셰익스피어 4대 비극

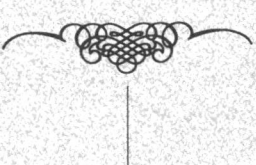

인문학 두드림 콘서트

대학 영문과에 들어온 건 셰익스피어를 읽기 위해서였다

3월에는 많은 것들을 새로이 시작한다. 특히나, 대학에 들어온 사람들에게는 더더욱 해보고 싶고 이루고 싶은 것이 많다. 요즘 캠퍼스의 낭만이 사라지고 있다고 해도, 대학 신입생들에게는 신성한 감성과 소중한 꿈이 숨쉬기 마련일 것이다. 학생수첩과 강의계획표, 유인물들을 안고 캠퍼스를 다니다보면 어느새 '뭐 읽을 만한 책이 없을까' 하며 도서관을 기웃기웃한다. 요즘엔, 일본 작가의 연애소설들이나 영국의 판타지소설 그리고 한국 작가들의 소소한 일상소설이 단연 인기다. 언론에서는 점점 대학생들이 고전古典이나 역사서歷史書, 사회과학 서적을 읽지 않는다고 하소연을 늘어놓기도 한다. 물론, 한때는 예이츠의 시와 사르트르의 난해한 문장과 셰익스피어의 비극이 인기였던 때도 있었겠지만 말이다. 서양문화가 뒤늦게 들어온 우리로서는 지난 수십 년 전까지만 해도 400년 가까이 나이를 먹은 셰익스피어는 나름 신선한 모습으로 대학가에서 주목받은 적이 있었다.

지금 보면, 고리타분한 도서관 장서藏書류의 책에 불과하지만, 셰익스피어의 고전도 당대에는 꽤나 신선한 작품이었다. 특히, 그중에서도 셰익스피어가 독특한 스타일을 가진 '비극(슬픈 이야기)'으로 세상에 큰 감명을 선사했던 점을 잊지 말아야 하겠다. 셰익스피어는 당대에 유행하던 풍자극이나 해학극 등의 코미디류에서 벗어나 그동안 사람들이 관심가지지 않던 비극에서 자신의 문학적 역량을 발휘한 점에서 큰 독보성獨步性을 보여주었다.

엘리자베스 시대에 유행한 네 개의 슬픈 이야기

셰익스피어William Shakespeare, 1564.4.26~1616.4.23가 위대한 점이라고 하면, 영국의 최고 번영시대에 영화榮華의 기쁨을 노래하는 계관 작가로서의 면모가 아니라 '기쁨, 슬픔을 막론하고 사람과 이야기에 늘 충실한' 극작가의 모습을 유지했다는 점에 있다. 특히 그의 비극悲劇은 화려했던 자신의 성공, 풍요로운 사회적 상황에 어울리지 않았음에도 비극적 예술성을 극대화해갔다. 셰익스피어 비극은 《로미오와 줄리엣》, 《줄리어스 시저》를 거쳐 《햄릿(1600년 초연, 1603년 출판)》, 《오셀로(1604년 초연)》, 《맥베스(1605년 초연)》, 《리어왕(1606년 초연)》의 4대 비극으로 그 정점頂點을 향해 치닫는다.

   셰익스피어의 비극은 권선징악勸善懲惡이나 인과응보因果應報라는 간단한 도식에서 벗어나 피할 수 없는 비극적인 운명(아무런 이유 없이 오셀로가 이아고의 간계에 빠지거나, 햄릿이 깨끗하게 복수를 끝내지 못하고 운명 앞에 우물쭈물 거린다거나, 현명한 군주 리어왕이 광포한 성격으로 변한다거나, 선량한 충신 맥베스가 폭군·살인마로 변모하게 된다거나 하는 등이 바로 그것이다)이라는 것을 전제하기도 한다. 또 누구도 예상치 못한 결말(오셀로와 이아고 데스데모나 모두 자멸하게 되고, 복수자인 햄릿이 오히려 오필리어의 오빠에 의해 복수를 당하게 되고 거투르드 왕비가 독약에 의해 죽게 되는가 하면, 리어왕이 버린 후에도 효성을 잃지 않는 코델리아가 포로가 되어 비참히 죽는 모

습이나 충신 글로스터 백작이 억울하게 죽게 되는 모습이 연출되며, 맥베스 자신과 그 아내가 모두 복수 그 자체로 죽는다기보다도 악령과 다녀의 주문으로 착각에 빠져 허둥대다 죽게 된다는 상황이 바로 그러하다)을 전개하여 관객들에게 또 하나의 충격을 준다. 결국 뚜렷한 이유 없이도 한 인간은 쉽사리 초라하게 몰락할 수 있는 것이며, 자신의 '지위'와 '명예' 그리고 '재산' 등은 운명 앞에 선 한 사람에게 큰 문제가 되지 아니한다. 셰익스피어가 화려하고 심장한 극작술을 다하며 인간 심연의 고통과 절망을 표현하는 동안, 사람들은 바로 희망과 절망은 같은 선상에 있고 절망의 끝에서 희망이, 희망의 끝에서 절망이 자라난다는 진리를 새삼 깨닫게 마련이다.

약한 자여, 그대 이름은 여자이런가-《햄릿》

"사느냐 죽느냐, 그것이 문제로다To be or not to be that is the question. 참혹한 운명의 화살을 맞고 마음속으로 참아야 하느냐, 아니면 성난 파도처럼 밀려오는 고난과 맞서 용감히 싸워 그것을 물리쳐야 하느냐……(《햄릿》제3막 제1장에서 햄릿의 대사)." 이 대사만큼이나 자신의 운명을 대면한 한 인간을 진실하게 표현한 문장은 없었다. 삼촌의 왕위찬탈을 알아챈 햄릿이 복수의 실행을 주저하는 '초라한 소시민적 인간'의 모습을 단명하게 표현해주고 있다.

《햄릿》은 역사적인 비극적 소재를 단골메뉴로 하던 셰익스피어가 구전口傳되던 옛 덴마크 왕실의 비극에 문학적 허구를 가미하여 더욱 풍성한 이야기를 만들어낸 희곡이다. 햄릿은 아버지(부왕父王)의 그늘에서 지적이고 용기 있는 왕자로 자랐으나, 아버지의 죽음 이후 우

햄릿의 한장면. 햄릿이 왕을 죽이려 하지만, 왕이 기도하는 모습을 보고 돌아선다. "내가 지금 여기서 저놈을 죽이면 저놈은 천당을 가겠지? 그러니까 기도하는 중에는 죽이지 말자."

울한 기운이 감도는 냉소적이고 괴팍한 존재로 전락한다. 지적인 그는 어머니에게 삼촌이 왕위를 찬탈한 사실을 새삼 확인시키는 치밀함을 보여준다. 그러나 과감히 복수를 실현하지 못하고 거듭 삼촌의 악행을 확인하면서도 실행을 주저하는 행동을 보이기도 한다. 그러는 사이, 자신의 연인이던 오필리어가 광기에 살해당하고 햄릿 자신도 삼촌의 계략에 의해 암살위기를 맞게 되어 점점 왕실은 파국으로 치닫는다. 결국 복수에 해야 하는 햄릿이 오히려 폴로니어스와 오필리어의 원한을 갚으려는 레어티즈의 칼을 맞게 되고, 햄릿은 가까스로 복수에 성공하지만 왕실의 몰락과 함께 그의 모든 것은 끝장이 나게 된다.

이 작품은 복수극이자 궁정사극의 모습을 보이고 있음에도 단순히 '악인은 처벌되고 선인은 안타깝게 죽는다' 라는 식상한 결론보다는 햄릿과 주변인물들 간의 처절한 심적 고뇌를 표현하고 있다. 게다가 독자들과 관객들은 점차 인물들의 위기를 목도하게 되지만 정작 당사자들은 자신들의 생각에 깊이 빠져 운명의 함정에 무의식적으로 발을

들여놓게 된다. 이러한 점들이 셰익스피어 극작술의 세계에 푹 빠지게 만드는 것이다. 어쩌면 햄릿은 주위의 배반한 신하들을 '능구렁이'로, 어머니 거투르드를 도덕심 없는 '약한 자'로 매도하는 것에는 능숙하나, 왕위의 정통성을 주장하며 자신의 입지를 밝히고 극악무도한 행위를 과감히 단죄하는 것에는 서툴렀다. 관객들은 그러한 햄릿의 입장을 동정하면서도, 순결한 오필리어의 죽음에 이르면 햄릿에게서 보다 멀어지게 되고 승자도 패자도 없는 파탄의 복수극에 이르러서는 주인공들의 비극적인 운명에 감화되기 마련이었다.

별들이여 빛을 감추어라.
검고 깊은 야망을 보지 마라 – 《맥베스》

셰익스피어의 4대 비극 중 가장 나중에 극에 오른 《맥베스》는 욕망과 파멸의 공존을 보여준 작품으로 잘 알려져 있다. 흔히, 성공의 야욕에 가득 찬 장군 맥베스가 덩컨왕을 살해하고 충신들을 몰락시킨 죗값을 톡톡히 받는다는 내용만이 알려져 있다. 하지만 이 작품은 결말이 뻔히 보이는 상황에서도 관객을 몰입하게 하는 요소가 숨겨져 있고 인간의 삶에 종종 드러나는 '결코 혼자 몰락하지 않는 잔인성'에 큰 인상을 받게 된다.

맥베스는 단연코 극중에서 미리 설정된 '악인惡人'이 아니었다. 그는 공명심이 투철하고 충성스런 신하였고 인망 높은 장군이었다. 그러던 그가 마녀들의 예언에 지나치게 몰입하고 자신의 운명을 앞당기려는 패착敗着을 놓게 되면서 비극의 중심에 서게 된다는 것이 주목할 점이다. 한 인간의 변모에 가미되는 모략, 탐욕, 예언, 환상 등이 적절

인간의 끝없는
욕망과 광기

히 어우러지면서 《맥베스》의 비극적 서사가 극대화된다.

　승전을 이끌고 환향하던 맥베스에게 "글래미스 영주여, 코더 영주여, 장차 앞날의 임금님이여"라는 예언을 전하는 마녀들이 등장한다. 코더 영주의 죽음으로 그 자리에 오른 맥베스가 아내의 충동질에 덩컨왕을 암살하고 기어이 왕위에 오른다. 이제 예언은 실현되었고 그는 무소불위의 군주가 되었다. 하지만 계속 맥베스를 위협하는 것은 예전의 충신들(맥더프 등)과 도망간 왕자뿐만이 아니라 마녀의 예언이었다. 마녀들은 친구 뱅쿠오에게도 "언젠가 자손이 왕이 될 사람"이라고 예언했던 것이었다. 여기에서 맥베스는 자신의 악행을 계속하여야 할 운명에 마주친다. 야망으로 빼앗은 왕권을 언젠가 빼앗긴다는 두려움이 인간 맥베스를 파탄의 구렁으로 내모는 것이다. 그리고 맥베스가 다시 찾아간 마녀들이 불러낸 환영들은 "사자와 같은 용기를 지니고 가슴을 펴라……. 여자의 뱃속에서 태어난 자는 맥베스를 쓰러뜨릴 수 없다……. 숲이 언덕까지 쳐들어오지 않는 한 맥베스는 멸망하지 않으리라……. 파이프 영주를 경계하라"라는 예언으로써 맥베스를 안심시킨다. 하지만 맥베스의 운은 여기서 다했다. 그에게 아내와 아이들을 학살당한 파이프 영주 맥더프가 성난 반란군대를 이끌고 '수풀을 이고 이동하는' 계략을 써서 맥베스의 사기를 떨어뜨린 후 '제왕절개로 태어났다'는 말과 함께 맥베스와 그의 망상을 참살해버린다. 이로써 한 사람의 폭군과 비명에 죽음을 맞이한 사람들의 슬픈 이야기는 막을 내린다.

흔히 접하게 되는 이야기처럼 야망을 이룬 사람들이 돈과 명예 등에 지나치게 빠져 스스로를 타락시키는 구성이 아니다. 즉, 《맥베스》는 예언과 모략에 의존해오던 맥베스가 자신의 왕권을 지키기 위한 불가피하고 처절한 행동의 결과로 자신을 파멸시킨다는 점이 새롭다. 맥베스는 한 번 범한 악행에 따른 상황을 지켜내기 위해 다시금 악행을 거듭한다. 마침내 야망이라는 가장 단순한 욕망을 쫓아간 맥베스는 주위의 모든 것을 잃고 전사하게 되는 비극적인 운명을 맞이한다. 이런 모습을 보는 관객들은 삶과 죽음이 쉽게 공존하고 성공과 파멸 또한 그 궤도를 같이 그리고 있다는 점에 섬뜩하그 비장한 마음을 가지게 된다.

바람아 불어라, 은혜도 모르는 인간을
태어나게 하는 모든 씨앗을 없애버려라! -《리어왕》

셰익스피어의 비극 중에서 가장 쉽게 걸작傑作의 특징을 발견하게 되는 작품이 《리어왕》이라는 점에는 의문이 없다. 인과응보라는 명백한 경과를 진행하면서도 '왜 리어왕은 그토록 두 딸에게 버림받았는가. 그 자신에게도 문제가 있지 않는가', '어째서 효녀 코델리아는 억울하

리어왕-인간의 고통에 대한 가장 원숙하고도 냉혹한 성찰. 리어왕이 코델리아와 나머지 두 딸들에게 이야기하는 모습.

게 전쟁에서 패하고 포로가 되어 죽게 되는가, 충신 글로스터는 왜 눈이 뽑혀 방랑해야 하는가'라는 질문을 하게끔 하는 극작술이 전개된다. 어쩌면 그 질문에 대한 답은 '바로 그것이 인간의 운명이니까'라고 귀결되고 그렇게 관객들은 새삼 대항할 힘을 잃어버린 나약한 인간의 모습을 체험한다.

현명한 영국의 군주 리어왕은 나이를 먹고 고집스러우며 편협해졌다. 그에게는 '아니다'라는 답이 통하지 않게 되었으며 결국 야욕에 불탄 고네릴과 리건이 '효녀' 행세를 하며 아버지의 권력을 빼앗는 상황을 자초한다. 처음에는 사랑이 넘칠 듯 풍요로웠던 리어왕과 두 딸의 갈등이 지속되는 동안, 글로스터 백작도 아들들을 편애하기 시작하면서 갈등을 자초한다. 이러는 사이 리어왕은 "얘야, 나를 미치게 하지 마라. 두 번 다시 만나지 말자"고 하면서 폭풍우 속을 헤매며 두 딸들에게 저주를 내뱉는다. 하지만, 리어왕을 동정하는 사람은 없다.

리어왕을 웃겨주던 광대들은 이제 냉소적인 관객이 되어 리어왕의 정신적 파탄을 비웃고만 있다. 리어왕은 은혜를 이야기하지만 그 은혜를 기억하는 사람들은 코델리아와 글로스터 백작뿐이고 결국 그들은 리어왕을 돕다가 자신들의 운명 또한 수렁에 빠지게 된다. 이에 충격을 받은 리어왕은 죽는다. 여기에서 바로 비극적인 요소가 극대화된다. 리어왕의 탐욕스런 두 딸이 파멸하는 추잡한 과정과 악행에 빠졌던 둘째 사위가 선인善人으로 돌아서서 왕국을 지켜내는 것은 애초에 이 작품에서 관심 밖이다.

효심과 충성에 대한 보상은 때론 이루어지지 않을 수 있다는 점을 주목할 필요가 있다. 성경(구약성서)에서 하나님은 성실하고 극히 선한 욥에게 온갖 고통을 주고 평생 악을 행한 바 없는 욥은 "주여 왜 저에게 이러한 고통을 주시나이까"라고 소리쳤다. 이른바 '욥의 질문(하나님은 그 믿음을 시험하기 위해, 가혹한 운명을 던지고 사람들의 믿음을 더욱 공고히 한다고 하는 이야기다. 종종 선한 사람이 고통받을 때 기독교의 생각으로는 '가혹한 운명'이라기보단 계속되는 '신의 시험'이라고 판단하기도 한다. 실제로 욥은 훗날 모든 불행을 불식할 만한 복을 받아 부호로 성공하고 다산하여 자신의 일가가 번창하게 된다)'이라는 것으로서, 이를 통해 인간에게 인과응보로 설명되지 않는 '운명'이라는 비극의 씨앗이 존재한다는 것을 알 수 있게 된다. 저 리어왕이 '은혜도 모르는 두 딸을 태어나게 한 씨앗'에 대해 사라지라고 명한다고 해도, 리어왕에게 '효심과 충성을 다한 사람들의 비극적 운명'은 결코 사라지지 않는다. 이런 점에서 셰익스피어는 운명 앞의 인간을 '먼지'라고 표현했던 것인지도 모른다.

사랑하기 때문에 죽어야 하다니요 -《오셀로》

《오셀로》는 전통적인 비극과는 차원이 다르다. 극중 인물이 심각하게 고뇌를 거듭하면서 점차 파멸로 치닫는 엄숙한 상황이라기보다는, 일의 성공과 사랑의 성취에 뒤따르고 있던 파탄의 그림자가 불시에 들이닥친다. 이태리적인 배경에 잘 어울리는 인물들의 대사를 접하다보면 어느새 관객은 이아고의 간계에 빠진 오셀로를 동정하기보다는 '왜 오셀로는 데스데모나를 믿지 못하는가. 도대체 데스데모나는 자신의 결백을 증명하려 하지 않았는가' 라는 불만을 거듭하게 된다. 하지만 관객들이 이런 불만을 가지는 것은 잠시뿐이다. 오셀로와 데스데모나가 진심으로 사랑했었고, 사랑의 정점에는 바로 증오와 질투가 점차 자라고 있었다는 점을 확인하게 되기 때문이다.

무어인 장수 오셀로가 승전을 거듭하여 총독으로 영전하고 백인 귀족 여인 데스데모나와 결혼하는 과정은 관객들을 이야기에 쉽게 끌어들이는 플롯이다. 이제 관객들은 그 성공과 사랑에 약간의 '질투심' 또한 느끼게 마련이다. 그런 상황에서 악인(《오셀로》에서 이아고는 뉘우칠 줄 모르는 천하의 악당으로 나온다. 그는 다른 작품의 악인 유형들처럼 나중에 회개하거나 일말의 갈등을 겪는 과정이 없다. 그는 진정하고 순수한 악인 그 자체이다. 악인이 악을 행하는 것이 자연스러울 정도로 그 설정이 가혹하다) 이아고는 그 질투심(Jealousy)을 극대화하면서 이야기는 풍족해진다. 사회의 밑바닥에서 올라온 오셀로는 자신의 성공과 사랑을 잃게 되는 것을 두려워한다. 그러면서 계속된 이아고의 거짓말과 계략은 오셀로의 충직하고 직설적인 성격에 그대로 융합되어 캐시오의 믿음과 데스데모나의 사랑을 내팽개치도록 만든다. 그리고 결국 이아고의 충동에 오셀로는 '사랑하기 때문에 죽어야 한다' 라고 하며 사랑을 배신한 데스데

셰익스피어 비극의 정수, 오셀로의 공연장면

모나의 목을 조르게 된다. 이러한 상황이 끝난 후, 오셀로가 자신의 행동을 반성하고 이아고를 참멸하는 것은 무의미하다. 이미 돌이킬 수 없는 강을 건너버린 오셀로의 자살은 스스로 만들어낸 허구에 의해 자신을 망쳤다는 자괴감을 극대화한 것이었다. 이로써 한 남자의 성공과 사랑은 질투와 불안이라는 심적 갈등에 의해 산산조각이 나버리고 관객들은 하나의 카타르시스(아리스토텔레스가 《시학》에서 비극의 중요한 기능으로 꼽은 것이다. 분노나 슬픔의 표출을 통한 인간 스스로의 정화기능을 말하기도 하는데, 관객들로서는 비극적 작품에 공감하면서 감정이입을 극대화하여 다소의 해방감과 안도감을 느끼게 된다)를 느끼며 슬픔에 잠긴다.

삶과 연극의 사이에서

셰익스피어가 수백 년을 넘어 아직까지도 긴 생명력을 유지하는 것은 셰익스피어만큼 극작(희곡)을 통해 사람들의 공감을 불러일으킨 작가가 존재하지 않기 때문이다. '삶과 연극'이라는 것이 결코 두 가지가 아님을 분명히 알게 해준 최고의 작가는 셰익스피어였다. 그는 연극을 통해 인생을 이야기했고 그것은 희극과 비극이 교차하는 극작이었다. 셰익스피어는 젊은 시절 많은 희극(《베니스의 상인》, 《말괄량이 길들이기》, 《한 여름 밤의 꿈》, 《십이야》 등)을 쓰며 30대에 이미 성공했다. 하지만 그가 남은 20여 년 동안 깊게 빠져든 것은 바로 비극悲劇이었다.

인간은 즐기기 위해 연극을 보기도 하고 연극을 보고 나서 즐겁게 되기도 한다. 하지만 종종 인간은 결국 자신의 뜻과는 다른 운명의 장난에 그대로 당한다. 극작가 셰익스피어는 연극뿐만 아니라 '사람'과 '삶'에 대해서 늘 지켜봐왔던 것이고 결국 그는 비극에 더욱 큰 심혈을 기울인다. 셰익스피어는 인간의 영광과 기쁨을 존중하면서도, 예상치 못한 운명에 한없이 나약해지는 인간 본연의 슬픔을 여러 비극 작품을 통해 형상화했다.

셰익스피어가 세상을 떠난 후 그는 세 딸들에게 막대한 유산을 남겨주었고 세상 사람들과 영국 극작계에도 무형의 상속을 해준 바 있다. 아직도 사람들은 셰익스피어가 남긴 주옥같은 비극들을 보며 극중 인물과 자신의 삶을 비교하기도 하고 또 그러한 운명이 아닌 것에 큰 위안을 받기도 한다. 20세기 이후에 이르기까지 셰익스피어의 맥을 잇는 영국 극작가들의 작품들은 여전히 세계를 뒤흔들어 놓고 있다. 부조리극의 사무엘 베켓, 해학극(코미디)의 조지 버나드 쇼, 희비극의 대가 오스카 와일드, 최근의 노벨상 수상자 헤롤드 핀터 등이 '네 개의 슬픈 이야기 사대비극四大悲劇'를 써낸 극작가 셰익스피어의 유산을 깊이 간직해가고 있다.

인문학 숲의 단상

법정은 어떤 모습일까. 흔히 판사를 중심으로 검사, 변호사가 치열하고도 논리적인 대결을 하는 장면으로 법정을 인식한다. 어쩌면 법정은 삶의 연극무대 중 하나다. 검사는 죄인을 미워하는 것이 아니라 '정의를 위해 죄인의 죄를 묻는 역할'에 충실한 배우이고 변호사(변호인)는 죄인의 죄를 감싸주려 하는 것이 아니라 '죄인에게 적절한 판결이 내려지도록 유도하는 역할'에 걸맞는 배우이다. 이처럼 두 배우가 각자의 역할을 다하여 법적 공방을 벌인 후 판사는 신성한 법대에 올라 '신중하고도 적절한 판결을 내리는' 역할을 한다. 《베니스의 상인》 등을 통해 법정을 소재로 무대를 마련했던 셰익스피어는 다양한 인간 군상 속에서 벌어지는 일들을 극화한 극작가임과 동시에 법정의 연극적 속성을 잘 파악한 연출가였다. 여기에 셰익스피어를 읽어야 할 또 다른 이유가 담겨 있다.

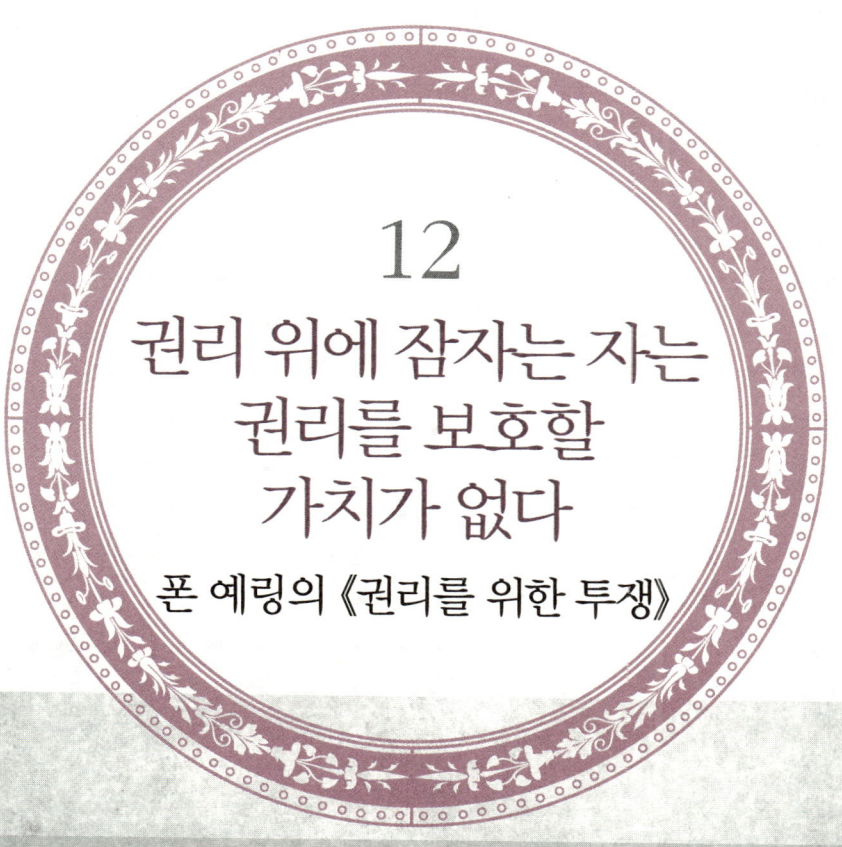

12
권리 위에 잠자는 자는 권리를 보호할 가치가 없다

폰 예링의 《권리를 위한 투쟁》

인문학 두드림 콘서트

법에도 철학이 있다

1992년 초, 대한민국 대법원은 주목할 만한 판결을 내렸다. 대법원은 [대법원1992.3.31.선고,91다32053(전원합의체)]에서 '시효제도의 존재 이유는 영속된 사실 상태를 존중하고 권리 위에 잠자는 자를 보호하지 않는다는 데 있고 특히 소멸시효에 있어서는 후자의 의미가 강하다'라는 판결을 한 바 있다. 당시 이 판결은 이 문구 하나만으로도 상당한 센세이션을 불러일으켰는데 이 판결이 그만큼의 관심을 불러일으킨 까닭은 바로 대한민국 도처에서 잠자는 '권리에 대한 의식'을 깨웠기 때문이었다. 이 판결 이후로 학자들은 이 판례 문구의 모호성을 지적하며 "권리가 베개냐 침대인가?"라는 식으로 비아냥하는 일도 있었다. 하지만 '권리 위에 잠자는 자는 그 권리를 보호할 가치가 없다'는 폰 예링의 사상을 그대로 반영한 것이며 대한민국의 명판결 중 하나로 꼽힌다.

그렇다면 이러한 논의의 장본인이라고 할 수도 있는 루돌프 폰 예링Rudolf von Jhering, 1818.8.22~1892.9.17은 과연 어떤 인물이었던가. 폰 예링은 우리나라에서 꽤나 지명도가 높은 독일 법학자 중의 한 사람이며, 명저 《로마법의 정신》과 《권리를 위한 투쟁》을 통해 이익법학 또는 목적법학을 창시한 법학자로 평가받는 인물이다.

권리를 가진 사람은 권리 위에 잠자고 있어서는 안 되는 '당연한 의무'가 있다

폰 예링은 독일 하노버의 아우리히에서 변호사의 아들로 태어났으며 점차 성장하면서 자연스레 법학에 관심을 갖게 되었던 것으로 보인다. 그는 당시 명문 법과대학이었던 하이델베르크 대학을 거쳐 괴팅겐, 뮌헨, 베를린 대학에서 법학공부를 이어나갔고, 베를린 법과대학에서 학위를 받은 후 로마법 연구자로 이름을 날렸다. 이러한 예링의 연구 방향은 당시 로마법 연구의 거성이었던 폰 사비니 Friedrich Carl von Savigny, 1779~1861의 역사법학에서 큰 영향을 받은 것으로 생각된다. 그러나 폰 예링은 로마법에 대한 인식에 있어서 사비니를 한 단계 뛰어넘었다. 그는 《로마법의 정신Geist des römischen Rechts 1852~1865》을 통해 독일법이 로마법의 계수에 있다는 기존의 견해를 존중하면서도 로마법에 대한 막연한 향수를 지향하기보다는 로마법의 정신을 합목적적으로 계수하는 것으로 논의 방향을 잡았다. 그는 로마법을 하나의 문화현상으로 파악하고 현실의 법 생활에 주목해야 한다고 보았다. 로마법의 제 현상들(예를 들어 강력한 가부권家父權 등)에 대해 그 제도적 실익을 탐구한 점에서 특색이 있다고 하겠다. 그는 '로마법을 통하여 로마법 위로durch das römische Recht, aber über dasselbe hinaus'라는 표어를 내걸고 법과 생활, 이론과 실제, 목적과 경험과의 관계들에 접근했다고 평가받고 있다.

폰 예링의 역저 《로마법의 정신》에 유명한 구절이 있다. '로마는 세계를 세 번에 걸쳐 정복했다. 한 번은 군사력으로, 한 번은 종교로, 또 한 번은 법을 통하여…….' 그는 이런 멋진 구절로써 로마법이 게르만법의 어머니가 되었다는 점을 수준 있게 표현했던 것이다.

마침내 그는 자신만의 독특한 이론(훗날 이익법학 또는 목적법학으로 명명된다)을 정리하여 두 권의 책으로 저작을 마무리했는데 그것이 바로 《권리를 위한 투쟁Der Kampf ums Recht(1872)》과 《법의 목적Der Zweck im Recht(1877~1883)》이다. 두 권의 책이 바로 폰 예링의 이익법학 사상을 가장 잘 압축 서술하고 있다고 해도 과언이 아닐 것이다. 《법의 목적》이 법철학적인 문제까지 논의하며 보다 심도 있는 논의를 담고 있다면 《권리를 위한 투쟁》은 딱딱한 학술도서의 성격보다도 대중적 이해를 돕기 위한 강연서와 비슷한 성격을 가진다. 분량도 많지 않으면서 시의 적절한 예시와 수려한 문장력이 돋보이는 법학의 명저名著라 할 수 있겠다.

'법이란 무엇인가?'라는 가장 난해하면서도 또 가장 기본적인 문제에 대해 폰 예링은 '투쟁'이라는 답을 한다. 그러한 투쟁은 막연하고 감정적인 투쟁이 아니라 구체적이고 이성적인 '권리를 위한 투쟁'이 되어야 한다. 권리는 스스로 주장하여 스스로 향유해야 하는 것이며 이로써 전체적인 법질서가 이루어질 수 있다. 만약 자신의 권리를 태만히 하는 경우 법은 그러한 권리를 보호할 가치가 없으며 이러한 권리 태만은 제재하는 한편 더 나은 이익을 위해 운용될 수 있는 것이다. 즉, 권리 위에 잠자는 자는 그 권리를 보호할 가치가 없게 되는 것이며 이는 사적자치의 인격체가 감내해야 할 당연한 불이익이 되는 것이다.

폰 예링은 이러한 주장을 《권리를 위한 투쟁》이라는 저서를 통해 특히 강조하고 있으며 이 책은 1872년 이후로 줄곧 많은 이들의 관심을 받았다. 이 저작의 서문에서 폰 예링은 이 책의 목적이 '이론적인 면보다는 윤리적이고 실제적인 면을, 법의 학문적인 인식보다는 법 감정을 주장하는 용감하고 확고부동한 태도를 촉진하는 데 있다'고 밝힌다. 《권리를 위한 투쟁》은 다섯 문장으로 정리될 수 있다. '①법의 목적은 평화이며 그것을 위한 수단은 투쟁이다. ②권리추구자의 권리주장은 그 자신의 인격주장이다. ③권리를 위한 투쟁은 자기 자신에 대한 권리자의 의무이다. ④권리주장은 사회공동체에 대한 의무이기도 하다. ⑤권리를 위한 투쟁이익은 사적인 생활뿐만 아니라 국민생활에까지 미친다.' 간명하지만 깊은 인상을 남기는 이러한 주장을 통해 기존의 법학계에 충격을 가져다주었음은 당연하다 하겠다.

더 나아가 폰 예링은 이러한 주장을 제시하면서 사비니와 푸크타의 역사법학을 '법학에 있어서의 낭만파'라고 칭하고 그들이 단지 과거에 대한 막연한 향수를 가지고 있다는 점을 예리하게 지적한다. 폰 예링이 보기에 로마의 법적 발전은 로마 시민들의 투철한 권리의식에 다름 아니며, 로마의 법학을 연구하는 목적은 바로 로마 법전 자체에 있는 것(이후 예링의 추종자들은 이러한 사비니 계열의 로마법 연구자들을 '개념' 법학이라고 비판하게 된다)이 아니라 로마 시민들의 법의식과 법적 실제를 탐구하는 것이 되어야 한다고 주장한 것이다. 폰 예링은 '권리'라는 개념에 대해서 막연하고 추상적인 설명을 피하고 '법적으로 향유되는 이익'이라고 간단명료하게 그의 사상을 피력했으며 당대는 물론 이후 많은 학자들의 공감을 얻었다.

이 책에서 눈길을 끄는 점은 셰익스피어의 희곡 《베니스의 상인》을 예시로 들며 자신의 주장을 논의한 부분이다. 폰 예링은 이렇게 서술한다. "셰익스피어는 샤일록의 입을 통해 'Ich fudere das Geleta(나는 법률을 요구합니다)'라고 하여 어떤 법철학자도 더 정확하게 표현할 수 없는 방법으로 객관적 의미에서의 법이 주관적 의미에서의 법에 대해 갖는 참다운 관계와 권리를 위한 투쟁의 참뜻을 나타냈다. 이 몇 마디 말과 함께 사건은 샤일록의 권리주장으로부터 갑자기 베니스의 법률문제로 발전되는 것이다. 그가 이 말을 했을 때 이 연약한 남자의 모습이 얼마나 위풍당당했을까."

교활하며 탐욕스러운 인물로서 인식되어오던 샤일록이라는 극중 인물을 법학자의 시각으로 '권리의식이 투철한 법적 인격체'로 재조명하고 있는 점이 무척 흥미롭다 하겠다. 그러면서 이런 문학작품에 까지도 진지한 태도를 보이는 별난 취향(?)의 폰 예링은 그 베니스 법원의 판결에 대한 비판적인 평석도 서슴지 않는다. "샤일록은 재판관까지도 본받을 만하게 권리에 대한 철두철미한 신앙이 있었던 것이다. 그럼에도 불구하고 맑은 하늘의 벼락같이 그를 엄습한 재앙(패소판결)은 결국 그로 하여금 한낱 사취당하기 위해 권리를 부여받은 멸시받는 유태인에 불과하다는 산 지식을 갖도록 하는 것이다." 이처럼 폰 예링은 자신의 사상에 대한 확신이 뚜렷한 법학자였으며 이러한 구절을 통해 성숙하고 자유로운 시민사회를 지향하는 그의 가치관을 엿볼 수 있다.

흔히, 권리 위에 잠을 자는 태만한 권리자의 권리행사를 저지하거나 박탈한다고 해서 폰 예링의 사상이 전체주의적이라고 생각하면 큰 오해다. 오히려 폰 예링은 사법에 있어서 사적자치가 완전히 적용되는 법적 이상사회를 그린 것이라 하겠다. 개인이 스스로의 결정 하에 한 행위는 스스로 책임을 진다는 사적자치의 일반론과도 상통하는 것이라 하겠다. 즉 사법의 질서는 개인의 의사·행위를 중심으로 규율되어야 하며 이러한 것을 바탕으로 법질서는 유지될 수 있다는 것이 그의 주된 사상이라고 생각된다.

대한민국 젊은이여, 권리 위에 잠을 자고 있는가

언젠가 민법의 대가大家 곽윤직 교수님은 독일어 원문으로 인상 깊게 읽은 책 중에서 폰 예링의 《권리를 위한 투쟁》을 꼽으셨고, 소수주주권 운동이나 낙선운동 등의 시민운동을 벌였던 박원순 변호사도 자신의 활동이 모든 사람들의 '권리를 위한 투쟁'으로 평가받기를 바란다는 취지로 말한 적이 있었다. 그 외에도 폰 예링의 이익법학사상은 법철학에서도 한 테마로 강의되며 우리나라에서 법조계에 있는 분들 치고 폰 예링 사상의 몇몇 구절을 모르는 이는 거의 없을 것이다.

앞서 언급한 대법원의 판례도 폰 예링의 이론을 들어 시효제도의 존재 의의를 설명하려 애쓴 듯하다. 시효(특히 소멸시효)의 경우 그 권리가 왜 소멸하게 되는지에 관해서는 난해하게 설명될 수도 있지만, 폰 예링의 문구는 마치 이에 대한 해답인 듯 간단명료하게 그 본질을 시사하고 있는 것이다. 즉, 자신의 권리를 일정기간 행사하지 않은 경우 권리자 스스로 '권리를 위한 투쟁'을 포기한 것이며 이런 경우 전체 법질서는 뒤늦은 권리행사 주장을 용납하지 않음으로써 법적 인격체의 자기책임을 엄중히 묻고 나아가 사회 전체의 이익에도 이바지하게 되는 것이라 하겠다.

루돌프 폰 예링. 그는 공리주의의 전통이 없었던 독일에서, 사비니 계열의 현학적이며 학제적인 성향에 제동을 걸면서 과감히 '법의 이익, 법의 목적'을 논한 대담성을 보여준 학자였다. 그는 법과 현실이 어떻게 조화하여야 하는지에 관한 많은 궁금증을 풀어 주었으며 사법私法에 있어서 사적자치私的自治의 원칙이 어떻게 적용되어야 하는가를 시사한 법학자라 하겠다.

폰 예링이 평소 즐겨 사용하던 문구가 있기에 이를 소개한다.
"자유와 생명을 날마다 쟁취하는 자, 오직 그자만이 자유와 생명에 대한 권리가 있다."

인문학 숲의 단상

요즘은 인터넷을 통해 유명 인사들의 강연을 들을 수 있다. 우리나라의 경우만 봐도 각 방송국 인터넷 사이트에 강연 콘텐츠들이 수두룩하다. 미국은 'TED컨퍼런스'라는 단체에서 빌 게이츠나 제인 구달 박사 같은 유명 인사들을 초청하여 강의를 부탁하고 무료로 그 콘텐츠를 대중에게 제공하기도 한다. 공부를 하고 싶어 하는 사람에게는 참 좋은 세상이 아닐 수 없다. 만약 당대의 유명강사였던 폰 예링의 강의를 볼 수 있다면 얼마나 좋을까 하는 생각이 든다. 폰 예링이 오스트리아 빈대학에서 교수로 재직할 당시, 그의 강의는 인기가 대단해서 항상 수백 명이 몰려들었다고 한다. 위대한 인물의 사상을 배우려는 욕망은 예나 지금이나 변함이 없는 듯하다. 수강생 중에는 저명인사들도 많았는데, 그중 러시아의 황태자는 예링을 '인류에게 법학을 가져다 준 프로메테우스'라고 칭송하기도 했다. 지금도 우리가 아쉬운 대로 그 학문적 열기를 느낄 수 있는데, 그 강의를 바탕으로 한 책이 바로《권리를 위한 투쟁》이기 때문이다.

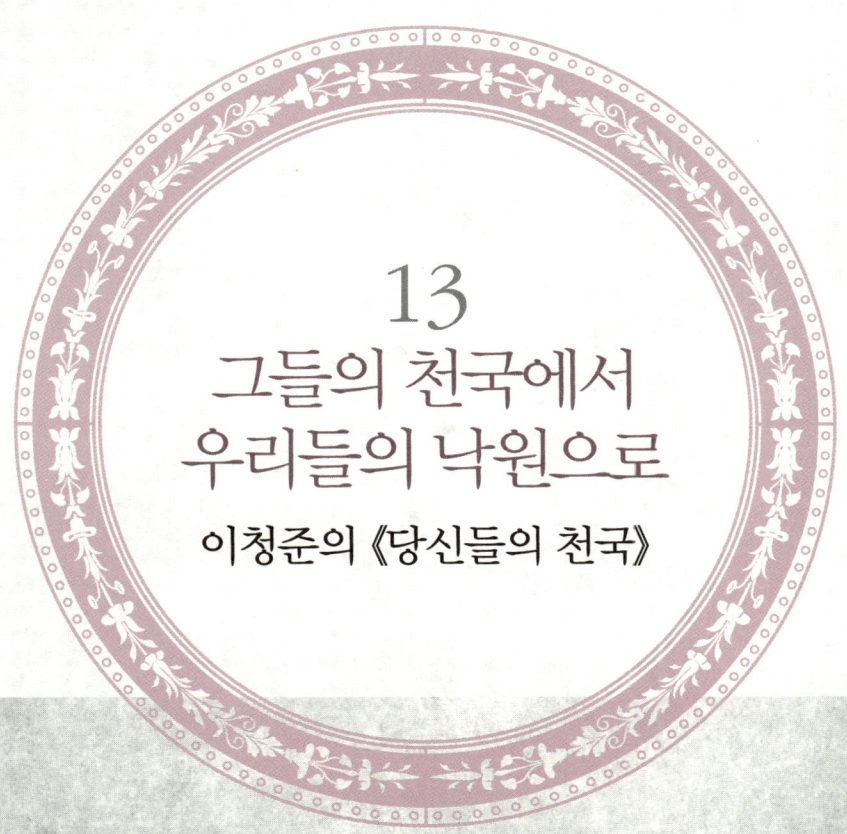

13
그들의 천국에서 우리들의 낙원으로
이청준의 《당신들의 천국》

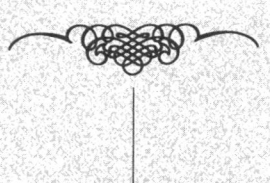

인문학 두드림 콘서트

소록도라는 섬

그곳에는 가본 적이 없다. 아직 없다. 전국 어디어디 웬만한 곳은 다 가본다고 했어도 그곳에 대해서는 주저하게 되고 만다. 고흥반도의 끝, 선착장에서 그곳을 바라보면 갈매기조차 '문둥이'들의 한恨 품은 소리를 흉내 내며 기웃기웃 흐느낀다고 했다. 석양을 마주하며 30여 분 배를 타고 그 섬에 도착하면, 어느덧 저 가까운 육지가 한없이 그리워진다고 했던가. '문둥이'들이 한번 들어가면 못 빠져나오는 섬, 그들만의 한恨 서린 공간, 애처롭게 육지의 삶을 갈망하던 '또 다른 육지', 바로 작은 사슴섬, 소록도小鹿島였다.

이 한 권의 소설, 《당신들의 천국》

1970년대에는 두 가지 중요한 작품이 등장하며 세상의 관심을 끌었는데 그것은 조세희의 《난장이가 쏘아올린 작은 공》과 이청준의 《당신들의 천국》이라는 작품이었다. 성장일로로 치닫던 시대에, 사회의 어두운 곳을 바라보려 했던 두 소설 모두 발표 당시부터 큰 관심을 끌었다. '도시 빈민층의 희망 일구기'라는 소재로써 대중적인 공감대를 가진 《난·쏘·공(난장이가 쏘아올린 작은 공)》이 더욱 유명세를 타긴 했지만, 또 다른 문제작問題作《당신들의 천국》이라는 중견작가의 소설은 중요한 가치를 가진다. 그것은 밝은 미래로 부풀어 있던 우리 대한민국 땅에서 주류와 비주류, 지배와 피지배, 억압과 소외 등의 이분법이 여전히 잔존하고 있다는 조용한 외침이었고 그것을 적나라하게 폭로한 용감한 시도임이 분명했다. '희망찬 내일'을 부르짖으며 슬며시 주류는 비주류를 끌어들이고 자신들의 성과를 더욱 빛나게 하기 위해 비주류의 소소한 인간 군상을 더욱 눌러밟는다. 물론 그것은 '우리들의 천국'을 향한 것이라고는 하지만 훗날 남게 되는 것은 온갖 성취욕을 숨겼던 '당신들의 천국天國'이었으며 버림받은 개체들에겐 '우리들의 지옥地獄'이었던 셈이다.

그런 면에서 소록도는 작은 섬이 아니다. 그곳은 '당신들'이 추구한 욕망이 점차 현실화되면서 '당신들'의 우상을 우뚝 세워놓은 '전승탑'과 같은 거대한 공간임과 동시에 소외되고 힘없는 '우리들'이 낙원을 꿈꾸며 일하다 배반의 아픔을 보듬던 '거꾸로 흐르는 시계'와 같은 기나긴 시간이었다. 훗날 돌이켜보면 그곳은 화려한 공적으로 치장되었지만 그곳을 부끄러워 하는 많은 사람들에게 잊혀져가는 공허한 유적지遺蹟地로 남게 된 셈이었다. 많은 이들의 욕망과 꿈 그리고 추억이 숨쉬는 거대한 시·공간이 바로 전라도땅 말미의 소록도다. 소설《당신들의 천국》은 "소설이 '허구虛構'이면서도 또한 '사실事實'이라는 인식"에 극히 부합하는 작품이다. 작가 스스로 이 작품을 '상상력과 현실의 경주競走'라고 했듯 작가의 많은 생각이 담겨 있으면서도 소록도라는 공간의 지독한 현실을 잘 투영하고 있다.

1960년대 초, 군화발로 집권한 혁명정부가 세상을 바꾸어놓겠다고 공언하던 때 현역 군인 조백헌 원장이 국립소록도병원(한센인수용소)에

부임하면서부터 이 소설은 시작된다. 그는 '부임 첫날이면 탈출시도를 벌여온' 소록도라는 공간이 지독한 패배의식과 짙은 불신 그리고 정상인들(특히 지도층)에 대한 적개심으로 가득 차 있다는 점을 느끼고 보건과장 이상욱을 통해 섬의 정체를 알아내려 애쓴다. 그리고 점차 섬을 둘러싼 여러 비밀들을 알게 되면서 앞으로 가야 할 자신의 위상位相을 정리하기 시작한다. 그는 무지막지한 군인이 아니었다. 그가 단지 군대에서 익힌 것은 신중함과 질서, 정직함 등이었으며 이 새로운 땅에서 장교의 역할을 계속할 것은 아무것도 없다는 것을 잘 알고 있었다. 조 원장은 한때 '골칫거리 문둥이들'이라며 관리대상으로 지목된 원생들을 새로운 시각으로 바라본다.

그는 그들에게 '우리들의 천국'을 다시금 제시한 것이다! 그러나 그는 섬의 모든 사람으로부터 제지당하고 심지어 그의 직원들로부터도 차가운 냉소를 받는다. 조 원장은 '헛된 꿈에 미쳤든지, 아니면 다시금 자기욕심만 챙기고 문둥이들을 배신할 생각이든지' 그 둘 중 하나인 괴물로 치부되는 듯했다. 그러나 조 원장은 "무엇을 약속하고 무엇을 요구하든 '우리들' 모두의 이름으로 '함께' 행해지는 것"이라며 "이제 이 섬을 다시 꾸미겠다"고 선언을 한다. 그는 자신이 이곳에 새로운 희망을 전해줄 수 있을 것으로 믿고 있었던 셈이다.

그러나 섬 분위기는 그의 생각과는 정반대로 돌아가고 있었다. 문학을 지망하던 한 원생이 자살하는 뜻밖의 사고가 발생하고, 이상욱이 원장을 찾아와 그 옛날 주정수 원장에 관한 기억을 일깨우며 그를 단죄하려 한다. 주정수周正秀 원장, 일본인 엘리트 의사 출신의 그는 9년 가까이 집권하며 문드러진 땅 소록도를 사람들의 낙원으로 일구어간 장본인이었다. 빛나는 인물이 크면 그림자도 큰 법이라 그는 공과功過가 뚜렷이 대비되는 존재였다. 그러나 이 작은 땅의 '문둥이'들에게 있어서 주정수라는 존재는 단지 그림자 정도가 아닌 '지옥의 문지기'였으며 '지독한 배반의 우상'이었다는 점을 조 원장은 잘 모르고 있었다. 섬을 두 구역으로 나누고 수많은 건물을 짓고 원생들의 생활수준을 끌어올렸으며 보잘것없는 척토를 활기 넘치는 낙원으로 꾸며 갔던 주정수, 그는 원생들의 지지를 벗어났다. 그는 결국 자신의 욕망의 투영체로서 이 '소록도'라는 땅을 바라보게 되었으며 자신의 야심이 가시화되는 것을 흡족해 했다. 그러던 중에 섬의 '문둥이'들은 그 발밑에서 소리 소문 없이 가혹하게 죽어갔다.

　원래 청년의사 주정수는 그의 은밀한 동상의 꿈을 숨기고 있지 않았는지도 모른다. 그러나 강한 명예욕과 야심을 가졌던 그는 순수한 열망을 사악한 욕망으로 변질시켜갔으며 '우리들의 낙원'이라 공언한 것과는 달리 '당신만이 바라보는, 당신만이 만족하는, 당신만이 누릴 수 있는 천국'을 건설하는 데 급급해진다. 그가 모르는 상황은 최악으로 치닫고 주 원장은 자신의 공적을 치하하는 동상 앞에서 원생이 찌른 비수로 '그의 천국'을 등진다. 그 이후 이 소록도라는 곳에는 짙은 패배의 어둠이 깔린다. 그러나 이 모든 것은 주정수와 그 추종세력만의 문제는 아니었다. 바로 원생들 스스로도 주정수의 속마음과는 별개로 '자신들의 천국'이라는 것에 집착했던 것이고 같은 '문둥이'들을 가혹하게 억압하며 '자신들의 지옥'을 창조했다. 주정수를 단죄한 후에도 '문둥이'들은 '위정자들의 배반'뿐만 아니라 '문둥이 자신들의 배반'을 경험하고 있었던 것이다. 그것은 치료되지 않는 패배주의처럼 보였다.

　점차 조 원장은 자신 앞에 놓인 그러한 불가능을 깨닫게 됨이 분명

했다. 그에게는 '사자死者의 섬을 생자生者의 낙원으로' 다시금 바꾸어 놓아야 할 소명이 존재했다. 조 원장은 소록도 사람들을 모아 축구 시합을 시작한다.

그리고 세상의 두 팔, 두 다리 멀쩡하게 달린 사람들과 온몸 문드러진 원생들이 정정당당한 경기를 펼치며 소기의 성과를 거둔다. 이른바 그것은 희망의 나팔을 울리며 전진한 '출소록기出小鹿記'였다. 용기를 얻은 원장이 원생들에게 미래를 향해 제시한 것은 '자족할 수 있는 육지 끝 농토', '섬 사이를 막아 만든 새로운 땅'이었다. 그는 "당신들의 과거는 치욕과 절망과 배반의 기억뿐"이라며 움츠린 원생들을 호되게 일깨운다. 그럼에도 그들에게서는 아무런 답이 없었다. 그것은 부정否定의 또 다른 대답이었다.

그러나 조 원장은 일꾼들을 고용해 일을 시작한다. 고흥반도 끝 바다를 막아 육지를 만드는 대역사大役事였다. 어느새 오마도라는 크고 작은 섬들과 땅 끝에는 미래의 낙토를 짐짓 가리키는 백열등이 죽 늘어섰고 높은 지대에 위치한 조 원장의 지휘초소에는 이루고야 말겠다는 집념이 서리고 있었다. 그 후 원생 대표로 점쳐진 황 장로長老가 조 원장에게 서신을 보낸다. "원장이 왜 이러는지 모르겠소"라며 시작하는 힐난조의 서신은 점차 "이제 원장께 부탁하겠소. 원장은 우리가 저 바다 속에서 우리의 땅을 건져내어 섬을 나가게 한다는 약속을 주님의 이름으로 다시 서약해주시오"라는 격려조로 바뀌고 있었다.

조 원장과 수천 명 '문둥이'들은 이제 '다시' 시작한다! 그들은 이제 하나같이 '우리들의 낙원'을 만드는 꿈에 부풀어 있었으며 그 낙원건설이 가능하다는 것을 또한 확신하고 있었다. 그리고 그들은 방파제의 완공을 점차 이루어간다. 그러나 그들이 믿고 있던 '주님'의 생각은 달랐는지도 모른다. 제방의 잦은 침하와 정부의 개입이라는 악재는 조 원장을 소록도에서 떠날 수밖에 없게 만들었고 '우리들의' 낙원건설 계획은 점차 완성이 어렵다는 사실이 모두에게 현실로 다가온다. 조 원장은 '다스리는 사람은 사랑으로, 다스림을 받는 사람은 자유로'라는 하나의 가치를 깨닫고 섬에 대한 애착을 고이 간직한다. 그리고 스스로 자유롭게 변해간 '문둥이'들에게 더 많은 사랑을 주지 못한 것에 아쉬움을 가지며 떠나게 된다. 그 후 무無직책으로 쓸쓸히 돌아온 조 원장과 여전히 꿈을 품고 있는 나인癩人들은 나병에서 벗어난 한 남녀의 결혼식을 축복하며 다시금 '우리들의 낙원'을 상상한다.

우리들의 천국으로

이 긴긴 소설을 써내려가면서, 어쩌면 작가는 인간들이 소유하려는 '천국天國'이라는 것이 존재하지 않는다는 것을 차갑게 말하고 있는지도 모른다. 천국은 욕심을 부려 만들 수 있는 것이 아니며 단지 '꿈꾸는' 것으로 충분히 그려갈 수 있는 것일 수 있다. 천국은 이루어놓은 결과물이라기보다는 좌와 우가, 위와 아래가 결국 하나의 '우리'가 되어 이 소중한 땅이 '낙원'이라는 것을 깨닫게 되는 과정이다.

지도층의 야심은 일반인들의 불신을 가져오고 지도층은 다시금 배반을 하며 서로를 갉아먹는다. 각자의 욕심을 간직한 그들이 추구한 것은 '천국'이었지만 그들이 만들어 놓은 것은 '지옥'이 될 수도 있다. 누군가에게는 사랑이 누군가에게는 자유가 필요하다는 것, 그리

고 그런 동화同和의 과정 속에서 '우리들의 낙원'을 이루어갈 수 있다는 것을 이 소설은 넌지시 일러주고 있다. 천국과 지옥은 모두 인간이 만드는 것이며 실로 우리 곁에 늘 동전의 양면처럼 가까이 있다. 어떤 면을 선택할지는 전적으로 우리의 몫이다.

인문학 숲의 단상

'한센인들의 낙원 소록도' 하면 이 《당신들의 천국》이라는 문제작問題作 외에도 한하운(1920.3.20~1975.2.28)이라는 '글쟁이'를 빼놓을 수 없다. 물론 그가 소록도 생활을 한 것은 아니지만 시인 한하운은 한센병을 가진 사람 중에서 드물게 세상에 나와 당당히 글을 써갔던 사람이다. 후천적으로 얻은 그 질병으로 인해 그는 젊은 시절 사회생활을 접고 오랜 기간 방황했고 동료 한센병환자들이 전국을 유랑하며 냉대받는 상황을 공감할 수 있었다. 그때 나온 시가 바로 〈소록도 가는 길에〉이다. 어디에도 정붙일 수 없고 발붙일 수 없는 정처 없는 삶을 엿보며, 안타까움을 넘어서 또 다른 공감을 느끼게 된다.

〈전라도길-소록도 가는 길에〉
-1949. 제1시집 《한하운시초》 중에서

가도 가도 붉은 황톳길
숨 막히는 더위뿐이더라
낯선 친구 만나면
우리들 문둥이끼리 반갑다
천안 삼거리를 지나도
수세미 같은 해는 서산에 남는데
가도 가도 붉은 황톳길
숨 막히는 더위 속으로 절뚝거리며 가는 길…
신을 벗으면
버드나무 밑에서 지까다비를 벗으면
발가락이 또 한 개 없다
앞으로 남은 두 개의 발가락이 잘릴 때까지
가도 가도 천리 먼 전라도 길

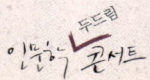

소록도와 관련한 사회적인 문제를 조금 소개하자면, 여러 법적 분쟁들이 아직도 안타깝게 남아 있는 점이다. 동경지방재판소는 최근(2005년) 과거 일제 강점기시대 소록도의 인권유린 문제를 배상하는 차원에서 진행된 '한국한센인'들의 일본정부 상대 손해배상청구소송에서 패소판결을 내렸다. 재판소는 'i) 한센인들을 소록도에 강제 격리시키고 ii) 고된 노역을 시켰으며 iii) 단종수술 및 신사참배를 강요했다 iv) 또한 이러한 조치들이 최소한으로 볼 때도 일본의 나병법 등 제반 법률에 위배된다'는 원고 측의 청구원인에 대해 i) 소록도 수용소가 일본 내 요양소 내지 그에 준하는 요양소가 아니며 ii) 여러 모로 일본 정부가 최근 제정한 [한센병요양소입소자등에대한보상금의지급등에관한법률]의 적용대상이 아니다'라고 판단하고 있는 것이다. 이는 일본 정부가 일본 내 요양소의 일본 한센인들의 배상을 결정하고 동경지방법원에서 진행된 대만 한센인들의 손해배상소송에서 원고 승소판결이 내려진 것과는 크게 괴리되는 것으로써 그 차별의 정당성이 크게 문제시되고 있다. 분쟁의 도의적 해결 차원에서 일본 정부의 보상결정이 향후 예정된다고 하지만 아직 그 결말이 내려지지 않았고 적극 항소한 관련 대상자들이 점차 연로하여 사망하고 있는 것이 큰 문제다. 또 하나, 소설 《당신들의 천국》의 배경이 된 오마도 간척사업 또한 하나의 사회문제로 재검토되고 있다. 갖은 이권이 예상되었던 오마도 간척사업은 결국 군사정부의 잦은 개입을 가져왔고 1989년 정부 차원의 공사완료 선언 및 토지분배 결정으로 말미암아 그 땅들이 소록도 원생들이 아닌 인근 주민들에게 돌아갔다. 20여년 간 간척사업의 80% 이상을 진행해 왔던 소록도 한센인들에게는 아무런 결실 없는 허탈한 종국이었다. 소록도를 나와 자신들의 후손에게 새 땅을 만들어주려는 나병환자들의 소중한 꿈은 이처럼 허무하게 사라진 것이다.

14 하느님의 손에 쥐어진 작은 몽당연필
   마더 데레사의 삶과 꿈

15 인문학의 숲에서 꿈을 찾다
   박애주의를 향한 발걸음

사思

세상과 소통하는 마음가짐

14
하느님의 손에 쥐어진 작은 몽당연필

성녀 마더 데레사의 삶과 꿈

인문학 두드림 콘서트

그녀를 맞이하며

누군가 그녀에게 물었다. "참으로 숭고합니다. 어떻게 그 많은 역경과 고난을 인내하며 캘커타의 빈민촌을 사랑의 보금자리로 바꾸어놓고 세계 각지에 '사랑의 선교회Missionaries of Charity'를 세우게 되셨는지요?"

주름이 깊게 패인 손을 마주잡고서는 상대를 지긋이 바라보던 그녀는 대답을 머뭇거리더니 이렇게 말했다. 이 말은 그녀가 누구에게나 불가능해 보였던 '사랑의 선교회'를 처음 시작하면서 바티칸의 승인을 받을 때 로마에 전한 말이기도 했다.

"나는 아무것도 아닙니다. 단지 도구에 지나지 않습니다. 나는 하나님의 손에 쥐어진 몽당연필입니다. 그분이 생각하시고 세상에 사랑의

아이를 보듬는 마더 데레사. 그녀는 종종 "아이들은 주님께서 우리에게 주신 최고의 선물입니다"라고 했고 비록 그 아이가 나병이나 백혈병에 걸려 아무도 돌보지 않을 때도 기꺼이 그 아이를 받아들였다

글을 쓰십니다. 우리는 불완전한 존재에 지나지 않지만, 주님은 아름답게 쓰십니다 I am a little pencil in the hand of a writing God who is sending a love letter to the world."

이제 종교라는 틀을 벗어나 세상의 많은 사람들에게 진솔한 감동을 전하기까지 사랑의 힘이 얼마나 위대한 것인지 몸소 보여준 '작은 수녀'에 관한 이야기를 해보겠다.

꿈을 품던 소녀에서 빈민가의 성녀로 거듭나기까지

인도 캘커타의 빈민가에 자리 잡은 '마더하우스'라는 허름한 2층 건물은 의외로 깨끗하게 정리된 편이었다. 심장질환 및 관절염 판정을 내린 주치의는 그녀가 위아래층을 오르내리지 못하도록 매번 말렸지만 그녀는 고집불통이었다. 그녀가 수년간 돌보아온 아이들이 작별인사를 위해 찾아와 아래층 현관에서 그녀의 이름을 부르자 그녀는 자신의 소명을 다시금 감지한 듯 흰 사리를 걸치고 황급히 내려오고 있었다. 마음이 급한 아이들이 다시금 크게 부르자 허리가 굽은 그녀가 주름진 얼굴을 들어 올리며 주위를 둘러본다. 그리고는 크고 거칠며 뭉툭하게 변해버린 손을 부끄럽지 않게 내밀어 한 아이를 포옹하더니 주위 아이들에게도 온화한 미소로 인사를 건넨다. 그녀는 '빈민가貧民街의 성녀聖女' 마더 데레사 Mother Teresa, 본명은 아그네스 곤자 보야시우 Agnes Gonxha Bojaxhiu, 1910.8.27~1997.9.5였다.

이로부터 무려 70여년 전으로 거슬러 올라가면서 이 이야기는 시작된다. 알바니아의 한 마을에서 태어난 여자 아이는 '신의 어린 양 Agnus Dei'이라는 뜻의 아그네스라는 이름을 가지고 있었다. 독실한

꿈 많던 소녀 아그네스-순수함과 희망 그리고 의지가 훗날 이 작은 아이를 성녀 마더 데레사로 이끌었다

신앙심과 충만한 사랑으로 오순도순 지내던 그 아이의 가족은 정치활동에 관여하던 아버지가 갑작스럽게 세상을 떠나게 되면서 가세가 기울기 시작했다. 그녀의 어머니는 총명하고 의지가 굳은 그 아이의 장래에 관심이 많은 편이었지만 점점 어려워지고 있는 집안 형편에 그 아이를 제대로 돌보지 못하고 있었다. 그러나 이 조숙한 아이는 기울어가는 집안 사정을 잘 알고 있었으며 자신이 처한 부족한 환경에 대해서 그다지 불만을 갖지 않았고 보수 없이 봉사를 해야 하는 성당 활동에도 적극적이었다.

그러던 그 아그네스가 점차 자라 18세가 되던 해 그녀는 불현듯 주님의 부르심을 들었다. "가라, 지금 너보다 더 불우한 환경에 있는 사람들에게 가라. 가난한 사람들 중에서 가장 가난한 사람들에게 가서 너의 삶을 이루어가라"라는 주님의 메시지였다. 순수하고 신앙심 깊은 아그네스는 소명을 알고 있었지만 집안 형편을 생각해 섣불리 결정하지 못하고 있었다. 그러나 이제 그녀는 주님의 음성을 똑똑히 들었고 그것이 평소 품어왔던 소망과 일치한다는 사실을 알게 되었다.

이제 아그네스는 집안 형편만을 걱정하던 좁은 생각을 버리고 자신보다 더 불우한 환경에 있는 사람들에게 가라는 주님의 메시지에 따라 성직의 길에 헌신할 결심을 하게 되었다.

그녀는 참 운이 좋은 편이었다. 당시에는 유럽 여러 나라에서 발탁된 수녀들을 인도로 파견하고 있던 로렌초 수녀회에서 더 많은 봉사자를 모집하고 있었기에, '가난한 사람들에게도 희망을 전해줄 수 있는 사랑이 충만한 세상'을 꿈꾸던 소녀 아그네스는 주저 없이 그 수녀회에 입회했다.

1929년 1월, 아일랜드의 로렌초 성모 수녀회에서 인도 캘커타로 파견되는 수녀 수련생 중에는 꿈 많던 아그네스도 포함되어 있었다. 그러나 막상 인도에 도착해서 아그네스가 직접 보았던 그곳의 상황은 끔찍한 것이었다. 독립문제로 온 나라가 시끄러운 상황인데다가 가난과 질병이 이미 사회의 한 상징처럼 굳어져버려 곳곳에서 많은 이들이 굶거나 병들어 죽어가고 있었던 것이었다. 그러나 신의 소명을 받은 아그네스는 바로 이곳이야 말로 자신이 소명의 삶을 시작할 수 있는 은혜의 땅이라고 생각했다. 신앙심 곧고 독실한 수련생 아그네스는 몇 년간의 수녀교육을 받아 마침내 '신의 작은 꽃'이라고 추앙받은 리지외의 성녀 데레사의 이름을 딴 데레사 수녀로 거듭난다. 그녀의 나이 21세였던 1931년의 일이었다.

첫 번째 시험

수녀가 되어 많은 일을 해보리라 생각했던 데레사 수녀도 수녀의 생활을 포기하고 자신의 꿈대로 무작정 빈민가에서 일할 수는 없었다.

그녀는 수녀의 신분이었고 사람이라는 존재가 주위의 일에 쉽게 매여 자신의 꿈을 포기할 수도 있다는 사실을 알게 되면서부터 크나큰 고민에 빠졌다. 이미 수녀가 된 지 7년여가 흘러버린 후였다. 그동안 수녀원 일이 바빠 그녀가 꿈꾸던 수녀원 밖에서 빈민과 병자를 구원하는 일에는 아무런 진전이 없었던 것이었다. 어느덧 중견 수녀가 되어버린 데레사는 자신의 게으름과 무력함에 큰 실망을 한 뒤, 잠시나마 수녀원의 허가를 얻어 다질링으로 가는 선교활동을 신청했다. 그 다질링으로 가는 기차 안에서 또다시 많은 빈민들을 목격한 그녀는 불현듯 '내가 왜 풍족한 수녀원의 울타리 안에서 상류 가정의 가톨릭교인 자제들을 가르치며 안락하게 지내야 하는가' 라는 고민을 하게 되었고 이제 자신에게 주어진 소명의 삶을 시작해야 할 때임을 절실히 깨닫는다.

1948년 여름, 그해에는 유난히 인도의 정세가 시끄러웠고 캘커타 시내에는 그야말로 난민들이 넘쳐나던 때였다. 이미 30대 후반의 중견 수녀 데레사는 인도 대주교를 통해 바티칸에 편지를 썼다. 자신이 수녀로서 수도회 '밖'에서 거주하며 가난한 이들을 위해 일할 수 있도록 허가해 달라는 것이었다. 그동안 함께 지냈던 모두가 데레사 수녀의 그러한 행동을 못마땅하게 여겼다. 수녀원 밖 활동은 '청빈', '정결', '순명' 이라는 수도회의 가르침에 크게 위반되며 천박해진 거지꼴의 중견 수녀가 앞으로 무슨 선교활동을 할 수 있을 것이냐는 것이었다. 그러나 데레사 수녀는 병자와 빈자들이 인간의 존엄성을 지키며 살아나갈 수 있도록 조금이나마 더 풍족한 이들이 그들에게 보다 많은 것을 나누고 베풀어야 한다고 동료들을 설득시켰고 그녀 자신에 대한 비아냥과 질시를 감수했다.

그로부터 몇 달이 지난 후, 인도 대주교는 물론 수녀들에 이르기까지 '파문' 내지는 '직위해제' 등의 부정적인 결과를 예상했던 바티칸으로부터 '수도원 밖 거주 및 봉사·선교활동'을 임시로 허가한다는 답장이 날아들었다. 이제 수녀 신분을 유지하며 가난한 이들을 구제하는 헌신의 삶을 시작할 수 있게 된 것이었다! 그녀는 곧 자신의 소명에 착수했다. 그녀는 고급스러운 수녀복을 벗고 인도의 천민들이 입는 흰색 사리에다가 푸른 줄무늬를 덧댄 몇 벌의 새로운 수녀복을 마련하고는 별다른 도구도 챙기지 않고 미련 없이 수녀원을 나왔다.

두 번째 시험

　겁 없이 세상으로 나온 데레사는 빈민가 시장 한구석의 판자집을 구한 뒤, 그 옹색한 장소에서 빈민구제, 병자간호, 아동교육 등 많은 일을 가리지 않고 해나가는 열의를 보여주었다. 바로 '가난한 사람들 중에서 가장 가난한 사람들'에게 자신을 헌신하겠다는 꿈이 시작된 것이었다. 그러나 아쉽게도 그녀는 혼자였다. 동료 수녀들을 떠나온 그녀는 처음부터 혼자였고 그녀를 돕는 봉사자들은 전혀 없었다. 그녀는 새벽부터 매번 시장 이곳저곳에서 몸소 구걸을 한 음식들을 빈자와 병자들에게 먹였고 오후에는 병자들을 간호하기 바빴다. 그로부터 수년간 이 빈민가에서 매일처럼 반복된 그 '거지수녀'의 구걸은 인도 사람들의 우스갯거리가 되었고 데레사 수녀가 당초 생각했던 빈민구호활동은 점차 힘겨워져갔다.

　이제 다시금 시간이 흘러 빈민가 거주의 임시허가 기간이 끝나갈 무렵, 데레사 수녀는 매일처럼 고되게 일하면서도 또한 절박하게 기

도를 올렸다. 그녀가 보기에는 이러한 부족한 환경은 점차 나아질 수 있다는 확신이 있었기 때문에 현재의 상황은 너무나 안타까운 것이었다. 그런 그녀에게 기적처럼 주님의 은총이 시작되었다. 평소 의욕적인 그녀를 동정하던 판 엑셈 신부의 후원으로 번듯한 건물의 한켠에서 부족하지 않은 구호활동을 할 수 있게 되었으며, 제자로 가르쳤던 학생들이 이제 아그네스, 거트루드 수녀가 되어 자신을 돕게 된 것이었다. 참담했던 상황에 굴복할 수밖에 없다는 절박한 상황에 선 데레사 수녀에게 이러한 많은 일들은 한줄기 빛이 되어 당면한 많은 문제들을 해결해주었다.

1950년, 데레사 수녀는 몇 년간 같이 일해온 구성원들을 모아 카톨릭 교회의 가르침 하에 선교와 봉사를 할 수 있는 독립적 조직인 '사랑의 선교회Missionaries of Charity'를 만들었다. 이제 데레사 수녀와 그 일원이 임시 허가시설로서가 아닌 정식 단체로서 토마의 승인을 받게 된다면 새로이 많은 일을 할 수 있을 터였다. 수차례에 걸친 장문편지에 간곡한 청원을 가득 담은 그들의 소망은 결국 이루어져 '사랑의 선교회'는 바티칸 교황청의 최종 승인을 받았다. 이제껏 전례가 없었던 정체불명(?)의 이 '헌신하는' 수도회의 원장으로 취임한 데레사 수녀는 이제 다시금 '마더 데레사Mother Teresa'로 거듭났고 캘커타 로우어서큘라 54번가의 새로운 보금자리를 '마더하우스'라 개칭하게 되었다.

세 번째 시험

마더 데레사와 '사랑의 선교회'는 주위의 사랑 어린 관심을 넘어 더욱더 많은 일을 해야 할 시점이 되었다.

기도하는 마더 데레사. "기도는 내 모든 힘의 원천"이라고 한 그 절박함과 진지함이 묻어 있다. 특히 주름이 깊게 패인 얼굴로 세상의 모든 고뇌를 함께하는 저 모습이 큰 반향을 불러일으킨다

    그들은 어려운 사람 중에서도 가장 어려움에 처한 '죽어가는 사람들'과 '버려진 아이들', 그리고 '극심한 고통으로 힘겨운 나병환자들'을 주목했다. 인간으로 태어나 평온한 죽음을 맞는다는 것이 얼마나 소중한 것인가를 잘 알고 있었던 마더 데레사는 길에 방치되어 죽어가고 있던 부랑자들을 데려다 회생하도록 애썼다. 물론 딱히 그녀가 그들을 살려낼 대책이 있는 것은 아니었지만 그녀에게는 그들에게 마지막이나마 안락하고 평온한 공간을 마련해주어야 한다는 절박한 소망이 담겨 있는 것이었다.

    1952년 겨울, 힌두교 신전 부근에 '죽어가는 사람들의 집'을 연 데레사 수녀는 이 작은 소망의 실천을 준비하고 있었다. 그러나 그녀는 주위 힌두교도들의 난데없는 비난에 휩싸였다. 그녀가 길에서 죽어가는 사람들을 가톨릭식으로 장례하면서 사람 목숨을 미끼로 선교하고 있다는 것이었다. 어느 날, 그녀에게 시시비비를 논해보려 찾아와 격앙된 어조로 성토하는 힌두교·이슬람교 신자들 앞에 마더 데레사는 그들에게 곧 쫓겨날 힘없는 수녀에 불과해보였다. 그러나 그러한 난동 속에서도 심지 굳은 그녀는 죽어가는 부랑자의 얼굴에 기어다니는

구더기를 핀셋으로 건져내고는 돌아서서 별다른 동요 없이 그들의 비판을 묵묵히 들었다. 이윽고 자신이 이야기할 차례가 되자 그녀는 입을 열었다. "저는 이 사람이 살아나기만을 바랄 뿐입니다. 저는 제가 배운 제 주님께 기도할테니 여러분은 당신들의 신들께 기도해주시길 바랍니다. 그리고 저희는 그 죽어가는 사람이 원하는 대로 장례를 치러주고 있습니다." 잠시 후, 연약한 수녀의 조용하지만 진지한 그 대답에 소란을 피우던 사람들은 아무런 이야기도 꺼내지 못하고 돌아갈 수밖에 없었다. 종교를 초월한 마더 데레사의 사랑의 실천 앞에서 그들이 줄곧 떠들어댄 논쟁거리는 무의미하다는 것을 그들 스스로 알게 된 것이었다.

네 번째 시험

그 후 더더욱 많은 일을 할 수 있다는 자신감을 얻은 마더 데레사는 '버려진 아이들의 집'과 '나환자들의 집', '장애인과 노인을 위한 집', '비행 소년소녀를 위한 집'을 캘커타 외곽에 차례르 열었고 점차 이를 기반으로 한 선교회의 활동 또한 정연하게 자리 잡아갔다. 점차 주위의 후원도 많아지고 봉사하는 사람들도 많아져 더 많은 빈자와 병자들을 구할 수 있다는 것이 그들의 유일무이한 기쁨이었다.

그러나 기쁨도 잠시였다. 이러한 일들을 새로이 시작한다는 것은 실상 무척 힘겨운 일이었다. 그들 앞에 놓인, 종종 '사랑의 선교회'가 벌이는 구호 활동이 인도의 이미지를 훼손하고 있다는 생각과 인도의 빈곤문제는 이미 인도의 문화전통에 기반하고 있다는 생각이 선교회의 활동을 은연중에 저지하고 있었다. 또한 선교회 사업을 물적으로

아이들을 돌보는 마더 데레사

지탱하고 있던 후원에 변동이 자주 생기면서 재정적인 부족함은 다반사였고 봉사단 또한 봉사원들의 잦은 가입·탈퇴가 계속되었다. 이렇게 부족한 상황을 해결해보려 마더 데레사가 기부자들을 직접 만나고 접촉하면서부터는 선교회가 정치적이라는 비난이 쏟아졌고, 일부 기부자금의 불법성을 폭로하는 이야기들이 나돌면서 다시금 악순환이 초래되기도 했다. 또한, 생명의 중요성을 강조하며 낙태를 반대하는 입장을 보였던 마더 데레사에게도 인도의 가족계획문제, 여성의 성적 권리문제 등의 시각에서 많은 비판이 제기되기도 했다. 문제는 더 있었다. 마더 데레사가 버려진 아이들에게 선의로 시작했던 아동입양프로그램이 아동매매로 곡해되면서 선교회는 이미지에 큰 타격을 받기도 했다. 그 외에 무엇보다도 그녀를 어렵게 한 것은 그녀가 만들어 간 사랑의 '집'에 대한 것이었다. 그 사랑의 보금자리로 거듭날 빈자·병자들을 위한 '집'들을 짓는 것은 관청의 철거위협과 인근주민들의 혐오에 맞닥뜨렸다. 이 보수적인 태도는 곧 얼마 안 되어 선교회의 지부 설립과 건설을 방해하는 것으로 나타나게 되었다.

이제 그녀는 지금이야 말로 세상 사람들에게 변화를 주어야 할 시점임을 깨달았다. 그러나 그녀는 굳어버린 사고에 젖어 있는 많은 사람들의 기존 관행을 변화시키는 것은 요란한 선동에 있다고 생각지 않았다. 현명하고 침착한 그녀는 많은 어려움에 직면했음에도 평정심을 잃지 않고 인도의 위대한 지도자 마하트마 간디가 앞서 실천했던 그대로 '침묵하고 단지 기다릴' 줄 알았다. 그러고는 묵묵히, 점차 사람들이 많은 오해에서 벗어나 그녀와 선교회의 활동을 진심으로 이해해주게 되기까지 무척이나 많은 시간을 인내하며 기다렸다. 마침내 시간이 흘러 선교회의 순수한 동기가 알려지고 오해에서 벗어난 사람들이 점차 헌신적인 마더 데레사의 사랑스러운 실천을 인정하고 이해하며 또 후원하게 되었다.

천로역정을 이겨낸 위대한 삶

큰 고비들을 이겨내며 마더 데레사와 '사랑의 선교회'는 이제 캘커타만이 아니라 인도 전역으로 그리고 전 세계에 사랑스럽고 복된 음성을 전하는 진정한 미셔너리로 거듭나게 되었다. 이는 마더 데레사와 그 일원이 일구어낸 성과뿐만 아니라 주위의 많은 사람들이 이러한 큰 사랑을 이루어갈 수 있게 긍정적으로 변화하게 된 것이기도 했다.

더 이상 세상 사람들은 마더 데레사와 '사랑의 선교회'에 관한 많은 의혹과 중상모략에 관해 귀를 기울이지 않았다. 그것은 '사랑의 선교회'가 큰 조직을 이루었고 데레사 수녀가 수없이 많은 상을 받으며 세계의 유력한 명사名士들과 친할 뿐만 아니라 1969년 노벨평화상 수상자여서가 아니었다. 바로 그녀의 성실성과 깊은 신앙심, 사랑에 대한 강한 확신을 잘 알게 되었기 때문이었다. 마더 데레사는 이미 40여 년 동안 사랑의 실천을 통해 세상의 많은 사람들에게 이렇게 각인되어 있었다.

그 작고 구부정한 주름투성이의 수녀는, 자신에게 필요한 것은 세 벌의 사리(수녀복)와 성경 그리고 건강한 몸만 있으면 된다고 하던 '행색 초라한' 성직자인데다가…….

일하는 곳과 기도하는 곳, 잠을 자는 곳, 식사를 하는 곳, 아이들을 가르치는 곳 등이 모두 한 장소가 될 수밖에 없었던 협소한 빈민가 구호원의 '주변머리 없는' 수녀원장이었고…….

종종 아무도 모르게 구호시설을 만들어놓고 대주교나 인도 관청에 발각되면 사후에 허가나 승인을 받고자 했던 '맹목적인' 사회운동가였으며…….

사랑의 선교회에 기부한 금원에 이자가 붙거나 그 금원을 투자자금으로 쓰는 것을 원하지 않았던 '이재에 어리석은' 종교사업가고…….

교황께서 자신에게 선물한 리무진 자동차를 환자용 구급차로 써볼 궁리도 했던 '괴상한 생각을 하는' 간호원장이었으며…….

일하던 중 과로로 쓰러져 병원에 이송되면 하루가 안 되어 병원을 도망 나와 다시 나병환자들 사이에서 일을 시작했던 '지독한' 일벌레였다.

마더 데레사가 사랑의 실천을 시작한 지 20여 년이 지난 1970년대 이후 전 세계적으로 뻗어나간 마더 데레사의 복음전도단은 그녀의 모범적인 실천 그대로 아주 작은 것부터 시작했다. 그들의 작지만 사랑

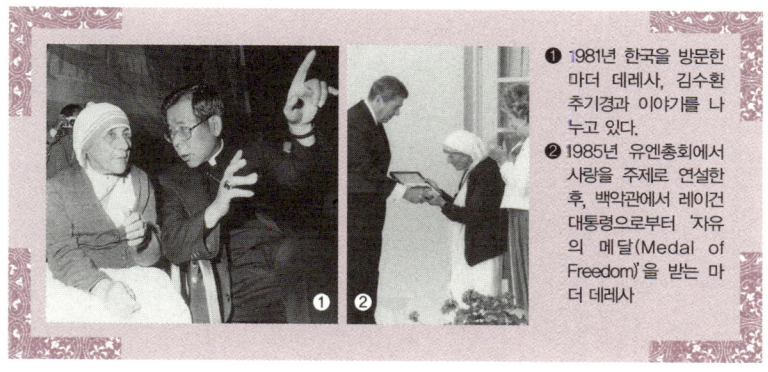

❶ 1981년 한국을 방문한 마더 데레사, 김수환 추기경과 이야기를 나누고 있다.
❷ 1985년 유엔총회에서 사랑을 주제로 연설한 후, 백악관에서 레이건 대통령으로부터 '자유의 메달(Medal of Freedom)'을 받는 마더 데레사

에 찬 실천들은 좀처럼 줄어들지 않는 사랑을 전했고 '사랑의 선교회'는 모두 그 사회에 점차 안정된 뿌리를 내리게 되었다. 때론 사랑의 선교회가 하는 일이 시간에 비해 대단히 비효율적이었다는 점을 지적하며 선교회의 업적을 냉정하게 평가하는 사람들이 있었다. 그러자 이번에도 마더 데레사는 조심스레 나섰다. 주름진 얼굴로 잠시 기도를 올린 그녀는 의외로 그러한 지적을 수긍했고 다만 이렇게 덧붙였다. "그렇습니다. 우리는 대단한 일들을 할 수 없었습니다. 다만 작은 일을 큰 사랑으로 하려 했을 뿐입니다(We can do no great things; only small things with great love)." 그녀는 이렇듯 성의껏 답변을 하고는 잠시 후 다시금 자신의 일에 몰두했다. 사랑에 대한 많은 말을 나누는 것보다 자신에게 가까이 있는 한 사람에게라도 더 사랑을 실천하는 것이 더욱 중요하다는 것을 잘 알고 있었기에.

사랑을 몸소 실천한 이 시대의 어머니 데레사. 그녀가 특히 아끼던 성경말씀인 "비록 시작은 미약했으나 그 끝은 창대하리라(욥기 8장 7절)." 구절 그대로 그녀의 작은 사랑은 어느덧 바다가 되어 전 세계에 큰 사랑을 심어주었고 그 작은 실천들이야 말로 유명한 성직자들의

유려한 설교보다 더 사람들의 마음에 가까이 다가섰다.

　　예수가 행한 바 그대로 빈자와 병자들에게 손을 내밀어 사랑의 메시지를 전하려 했던 한 사람, 무려 60여년 간 헌신하면서 '거지수녀'에서 '빈민가貧民街의 성녀聖女'로 거듭난 한 사람의 이야기는 메마른 현대인의 가슴에 훈훈하고 가득 찬 감동을 이루어냈던 것이다.

　　그 마더 데레사라는 이름 하나만으로도……..

한 번에 단 한 사람

'사람은 논리로 설득되지 않는다, 다만 감동으로 조금이나마 변화할 뿐이다' 는 소박한 진리를 마더 데레사는 잘 알고 있었다. 그녀는 자신의 일에 확신을 가지면서도 옳다고 강변하지 않았으며 다른 이들에게 참여를 강요하지 않았다. 논쟁을 일삼는 사람들 앞에서, 그녀는 많은 말들보다 단지 몸소 구걸을 하는 모습을 보였고 나병환자를 어루만졌으며 죽어가는 이의 눈을 감겨주었고 울고 있는 아이들을 보듬어주었을 뿐이었다. 그리고 그러한 작은 실천들은 어느새 차곡차곡 쌓여 사람들의 닫힌 마음을 열고 들어가 진정어린 감동으로 세상 사람들의 잠재된 능동성을 사랑의 길로 살며시 이끌었다.

　　그녀는 비록 일에 거칠어진 뭉툭한 손과 추위에 얼어터진 발 그리고 온갖 고뇌에 주름진 얼굴을 갖게 된 몸집 작은 수녀였지만, 그 온화한 미소 그리고 아이를 품에 안은 모습, 누운 병자에게 몸을 굽히는 그 자태만으로 세상 많은 사람들에게 사랑과 평화를 전해주었다.

　　소녀 아그네스는 소명의 삶을 시작하면서 꿈을 품었다. 언젠가는 주님의 계시대로, 예수님의 말씀대로 사랑으로 충만한 세상을 만들어

1997년 9월 5일, 영면하게 된 마더 데레사. 곧 인도에서는 국장이 치러졌고, 2003년 교황청은 그녀에 대해 성녀에 준하는 예를 갖추고 시복식을 거행했다

갈 수 있을 것이라는 꿈이었다. 그러나 그 소녀의 꿈이 다 이루어지기 전에 마더 데레사로 성장하게 된 그녀는 짧게만 느껴지는 삶을 아쉽게 마감해야 했다. 그러나 언젠가부터 소녀 아그네스의 그 꿈은 다른 사람들에게 마음에서 마음으로 전해져 기쁨에 찬 이 세상을 만들어 가게 될 것이다. 바로 그녀가 큰 사랑으로 보듬은 작은 물 한 방울 덕분에 세상에 평화의 바다가 만들어지게 되는 그 순간까지 말이다.

더 이상 사랑과 평화의 메시지를 비둘기에 담아보내는 것으로는 만족하지 못했던 사람, 그 스스로 사랑과 평화의 비둘기가 되어 보다 가까이 세상에 다가섰던 사람, 자신의 작은 활동이 언젠가 바다가 되어 세상에 사랑이 더 충만하기를 기원했던 사람, 성녀聖女 마더 데레사의 감동적인 메시지는 늘 인간적인 따뜻함으로 세상을 감싸고 있다.

인문학 숲의 단상

몇몇 잠언집에는 마더 데레사의 성탄 전야 메시지가 소개되어 있다. 많은 작가와 명상가들의 글보다 더욱 진실함이 묻어 있는 이 잠언에는 마더 데레사의 진솔한 고백이 담겨 있다.

한 번에 한 사람

난 결코 대중을 구원하려고 하지 않는다.
난 다만 한 개인을 바라볼 뿐이다.
난 한 번에 단지 한 사람만을 껴안을 수 있다.

단지 한 사람, 한 사람, 한 사람씩만
따라서 당신도 시작하고
나도 시작하는 것이다.

난 한 사람을 붙잡는다.
만일 내가 그 사람을 붙잡지 않았다면
난 4만 2,000명을 붙잡지 못했을 것이다.
모든 노력은 단지 바다에 붓는 한 방울 물과 같다.
하지만 만일 내가 그 한 방울의 물을 붓지 않았다면
바다는 그 한 방울만큼 줄어들 것이다.

당신에게도 마찬가지다.
당신의 가족에게도
당신이 다니는 교회에서도 마찬가지다.
단지 시작하는 것이다
한 번에 한 사람씩.

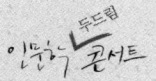

헌신적인 테레사 수녀의 삶에는 그 영광 뒤에 많은 난관이 있었다. 어떻게 그러한 어려움 속에서도 첫 마음을 잃지 않고 갖은 모략과 냉대, 질시를 차분하게 극복했던가에 대해서 종종 물으면, 그녀는 담담히 이렇게 말하곤 했다.

"제가 삶을 살아가면서 발견한 삶의 모순 하나가 있습니다. 그것은 상처 입을 각오를 하고 사랑을 하게 되면 상처는 곧 치유되고 사랑만 깊어진다는 점이었습니다."

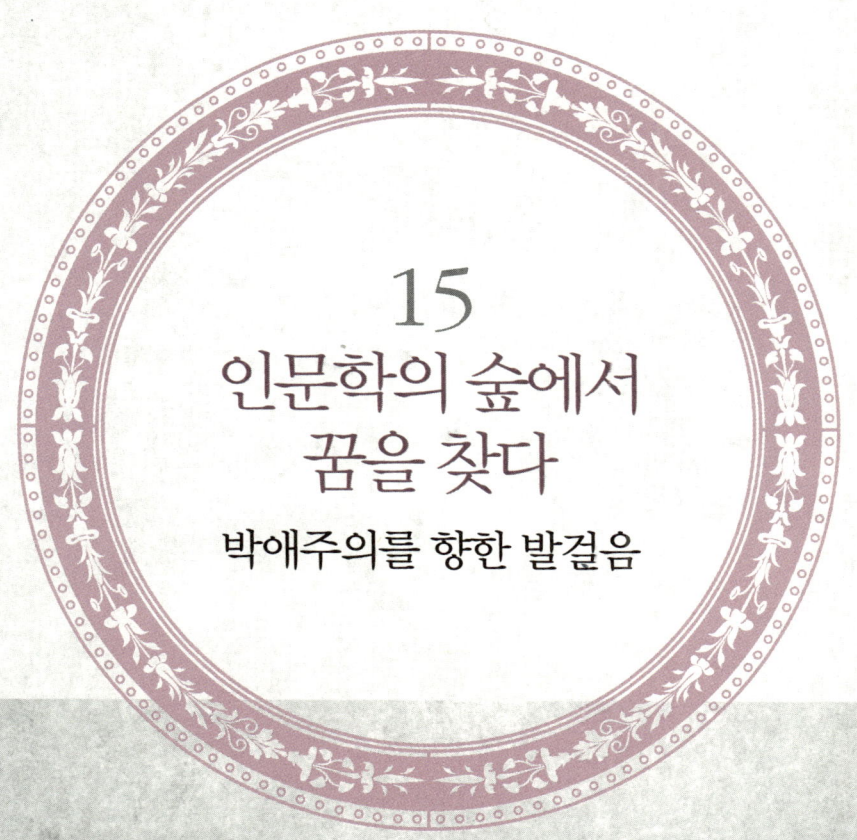

15
인문학의 숲에서 꿈을 찾다

박애주의를 향한 발걸음

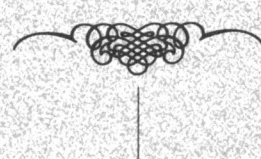

인문학 두드림 콘서트

변호사든 거지든, 누구든 가진 것은 있다

원래부터 사람은 아무 것도 가진 것이 없었다. 누구나 부끄럼 없이 맨몸으로 태어난다. 나중에 위대한 존재가 되던 그렇지 않던, 우리들 모두는 고사리 손에 아무것도 쥐지 않고 맨몸의 발그레한 존재로 이 세상에 나온다.

어느덧 시간이 흘러, 그 아기가 아이가 되고 소년, 청년이 되며 한 어른이 되는 여러 성장기를 맞게 된다. 그러면서 그 한 존재는 점차 재산과 지위, 명예, 지혜를 자기 가까이 둘 수 있게 된다. 그 소유는 사람에 따라 불공평하게 다르지만, 그 '다르다' 는 것은 기껏 양의 차이일 뿐 맨몸에서 자라난 우리에게 각자에게 주어진 무엇과도 바꿀 수 없는 인생의 수확물들은 상당한 것일 수 있다. 우리는 이제 홀로 설 수 있게 되었으며 시나브로 연약한 아기가 세상에 당당히 남아 따스하고 풍요롭고 행복하게 지낼 수 있게 된 것이다. 실로, 삶을 살아간다는 것은 꽤 풍요롭다!

자신의 주위를 둘러보라. 이 세상의 모든 아기들은 이렇게 빈손을 채울 수 있게 되었다. 스스로 노력해서 가졌다고 생각하겠지만 그것은 결코 아니다. 세상의 갑부들과 위대한 성현들과 뛰어난 지도자들조차 자신들의 업적이 자신으로부터 비롯되었다고 자부하는 사람은 없다.

    그들 모두가 맨몸뚱이에 빈손으로 자라나 누군가로부터 많은 것을 받아들이며 커온 것이기에…….

누구에게나 고마운 사람들은 있다

아기들이 어른이 될 때까지 세상에 있는 그 누군가는 그들을 보살펴 주었을 것이다. 그 '누군가'는 자기 스스로 잘 알고 있는 부모님, 선생님, 형제들, 친구들일 수도 있겠다.

    《시경詩經》이라는 옛 노래집에는 "아버진 날 낳으시고 어머닌 날 기르셨네. 슬프다, 부모님이여, 나를 낳아 기르시느라 애쓰셨도다. 그 은혜를 갚고자 하나 넓은 하늘과 같이 끝이 없어라……."라는 구절이 있듯 부모님의 사랑과 은혜가 가장 클 수 있겠다. 그 외에 다른 분들의 은혜도 그에 못지않다. 옛 성현 율곡 이이 선생께서도 '군사부일체君師父一體(임금, 스승, 아버지의 은혜는 같다)'라고 하여 나라의 어른과 스승 또한 부모 못지않게 큰 은혜를 주고 있다는 점을 강조했다.

    하지만 우리들 본인도 모르는 '보이지 않는 은인들' 또한 세상에 존재한다. 우리는 짧지 않은 삶을 살면서 친하던 친하지 않던 많은 분들의 도움을 받게 되기 마련이다. 그들은 기억 속에 점차 잊혀가며 그 갚음의 기회를 주지 못하게 만들어버리지만, 진정 우리 자신을 키워가는 데 큰 도움을 주었다. 그들은 음지陰地에서 우리를 도와 우리가 이렇게 양지陽地의 세상에서 오롯이 설 수 있도록 해주었던 것이다. 가벼운 도움이든, 따뜻한 말 한마디든, 따끔히 일깨우는 가르침이든 '이 세상의 구성원이고 같이 살아야 한다고 해서 인간人間

이라 이름 붙여진' 그들은 우리에게 항상 도움을 주고 있다. 아침 밥상에서 느껴지는 농부들부터 이른 아침 첫차를 모는 기사들, 거리를 청결하게 하는 환경미화원들, 가르침을 주는 선생님들, 이 모든 것을 뒷받침하기 위해 소중한 세금을 내주는 이름 모를 국민들까지 셀 수 없을 만큼 많다. 실로, 삶을 살아간다는 것은 참으로 고마움의 연속이다!

우리 가까이 존재하는 사람들로부터, 이름 모를 누군가로부터 받아들인 돈과 명예와 지위와 지혜라는 모든 것에 대해 진정 그들에게 감사해야 할 일이다. 한 줌의 빈손과 백지 상태의 머리를 가진 아기는 어느덧 자라면서 자신의 것을 가득 가질 수 있게 되었기 때문이다.

이런 상황에서 우리는 보통 세 가지 삶을 살아가게 된다.

바로 이기주의利己主義, 개인주의個人主義, 이타주의利他主義라는 삶의 방식이 그것이다. 종종 이기주의는 타인에게 손해를 가하면서까지 자신을 돌보며 인간사회에 적응될 수 없는 유형을, 개인주의는 자신만의 세계를 존중하며 타인에게 해를 주지 않지만 도움 또한 전하지 못하는 유형을, 이타주의는 자신보다는 남을 위하고 인간사회에 진정으로 도움을 주려는 유형을 말한다고 한다. 그래서 이제껏 우리들은 도덕교과서를 통해 이타주의자가 되는 삶이 가장 바람직하다는 공식을 은연중에 배워왔다.

그러나 나는 다르게 보고 있다. 앞서 갈한 '①빈손의 우리가 많은 것을 받게 되는 과정 ②진정 고마운 세상 사람들을 만나 인연을 만드는 과정 ③우리 자신이 한 사회의 구성원으로 자립하는 과정'을 이해하게 된다면 위와 같은 정의는 다음과 같이 수정될 수 있다(그림을 참조하면 이해가 쉽다. 화살표는 애정의 강도, 줄은 애정의 양으로 도식화했다).

가. 이기주의자는 자신이 받은 것을 자신이 누리고 한 세상을 살다가는 존재다. 그들은 자신을 둘러싼 많은 부와 명예, 지위, 지혜가 자신으로부터 비롯된 것으로 확신한다. 세상에 스스로 태어난 것이 아니라는 점과 남에게로부터 비롯된 것들을 가진 부분에 대해서 설명하지 못한다. 그들은 함구한다. 그리고 일생을 누리며 살아간다. 하지만 그들의 욕심과는 다르게 그들 자신도 결국은 맨몸으로 돌아간다.

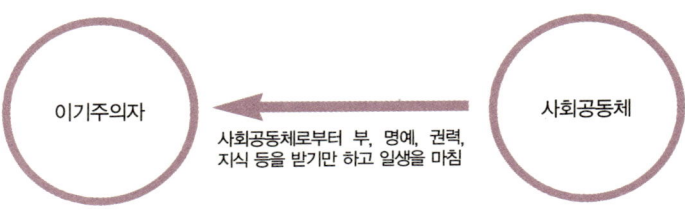

나. 개인주의자는 자신이 기억하는 고마운 사람들에게만 받은 만큼 돌려주고 가는 존재다. '우리'라는 공동체 내에서 그들은 자신들이 세상에서 받았던 많은 것들을 돌려주고 가는 셈이다. 나름대로 사회에 기부도 많이 했고 공헌도 했다고 자부한다. 하지만 사회의 누군가로부터 더욱 많은 것을 받았음에도 자신들 주위의 사람들에게만 그 혜택이 돌아가는 점에 대해서는 설명하지 못한다.

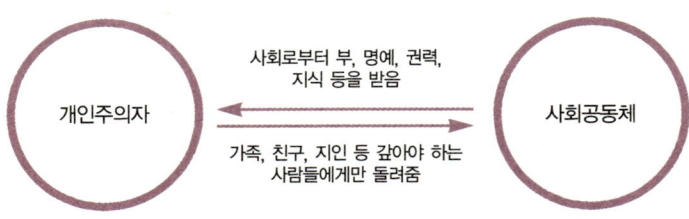

다. 이타주의자는 자신에게 주어진 세상에 고마움이 사무친 존재들이다. 우리가 삶을 영위하는 동안 공동체에 꼭 필요하다고 평가받는 사람들이 이러한 유형의 사람들이다. 이들은 스스로 가진 것이 없어도 나누어줄 줄 알고 나누어줄 수 있다. '콩 한쪽도 나눠 먹는' 참으로 고마운 존재이다. 하지만 자신을 너무 보살피지 않는다. 스스로 더욱 성장해서 더 많은 것을 나누어 줄 수 있다는 점에 대해서 큰 고민을 하지 않는다. 매일처럼 남을 위해 고민하는 동안 이기주의자들과 개인주의자들은 자기계발에 더욱 힘쓴다.

또 달리 이타주의자들 중에는 스스로 크게 성장한 사람임에도 무분별하게 나누어주는 일에 애쓰는 사람들도 있다. 결국 이타주의자들은 언젠가 자신이 나누어줄 수 없는 상황이 된다는 점이나 자신의 나눔이 오히려 사람들에게 위화감을 주는 것에 대해서는 설명하지 못한다. 마음이 따뜻하고 아름답다는 점에 대해 평가받고 기억되기를 원한다.

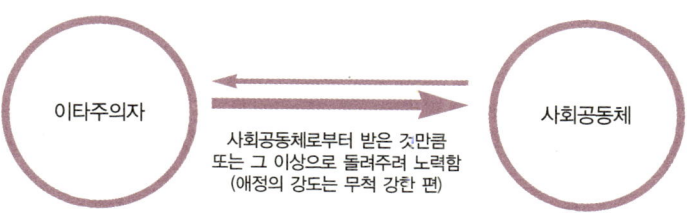

세 가지 삶의 유형에 대해 가치판단을 하는 것은 이르다. 하지만 우리는 이기주의나 개인주의로는 만족할 수 없고, 이타주의만을 강조하던 도덕교과서의 이야기에는 이처럼 우리가 납득할 수 없는 것이 분명히 있다. 이렇기에, 많은 것을 받고 누리며 이제 그 고마움을 갚을 수 있는

우리에게는 '또 하나의 다른 길'이 있다. 바로 '박애의 삶'이다. 한때 프랑스 혁명의 '자유自由 · 평등平等 · 박애博愛'의 이념과 그 의미를 같이하고, 앞서 말한 것에 세밀히 대응하자면 다음과 같다.

 라. 박애주의자는 사람들을 위해 늘 노력하는 존재다. 이 점에서 이타주의자로 보이기도 한다. 이타주의자만큼이나 자신이 이 세상에서 받은 것이 많다는 점을 잘 알고 있다. 세상이 고맙다. 또한 그러한 혜택을 꼭 돌려주고 싶어 한다. 자신이 가진 부와 명예, 지위, 지혜를 다른 사람들과 나누어 가지려 하는 셈이다. 하지만 그들은 중용中庸의 도리를 잘 안다. 그들은 아무렇게나 봉사하는 것이 최선이라고 생각하지 않으며, 자신이 성숙하지 못한 상태로 나누어주는 것이 해害가 되고 곧 사그라진다는 점을 잘 안다. 마치 익지 않은 과일을 사람들에게 나누어 주지 않으려 하는 것과 같다. 그리고 사회에서 그들은 마치 개인주의자처럼 보인다. 자신을 위해 애쓰고 사회에 해를 주지 않는다. 하지만 그들은 자신에게 혜택을 준 그 사람을 기억해서 그만큼만 돌려주는 방식을 취하지 않는 점에서 개인주의자와 다르다.

그들은 자신이 받은 사랑이 크고 많다는 점을 잘 알고 있으며 누군가에게 돌려주어야 할 때도 다른 누군가를 다시 찾아 되갚는 방식을 취한다. 'A, B, C'로부터 받은 사랑을 'X, Y, Z'에게 나누어 주게 되는 것이다. 자신의 부모로부터 받은 재산을 '아름다운 기부'로써 익명의 다른 사람을 위해 쓴다거나, 스승으로부터 배운 지혜를 '바른 교육'으로써 누군가에게 전하거나, 국민들로부터 받은 명성을 후세의 국민들에게 '참된 정치'로써 설파하는 것이

다. 따라서 박애주의자는 이타주의자들처럼 헤프고 미약하게 사랑을 전하지 않고, 이기주의자들처럼 사회의 결실을 독식하지도 않으며, 개인주의자들처럼 '한 사람과 주고받는 GIVE AND TAKE' 식의 사랑을 하지 않는다. 그들은 '누군가에게 충분히 받고 또 다른 누군가에게 나누어주는 RECEIVE AND SHARE WITH' 식의 사랑을 실천하게 된다. 박애주의자들은 이기적이고 개인적으로 지독히 노력하며 자신을 연마한다. 그들에게는 지금부터 나누어줄 여유가 없다. 하지만 늘 기억한다. 나를 키워온 가족과 스승 그리고 지인들에게 받은 이 모든 사랑을 또 다른 누군가에게 나누어주어야 한다는 사명을 말이다.

그리고 어느덧 시간이 흘러 그들은 보다 많은 것을 나누어줄 수 있는 위치에 다다른다. 그때부터 그들은 이타주의자가 되어도 좋

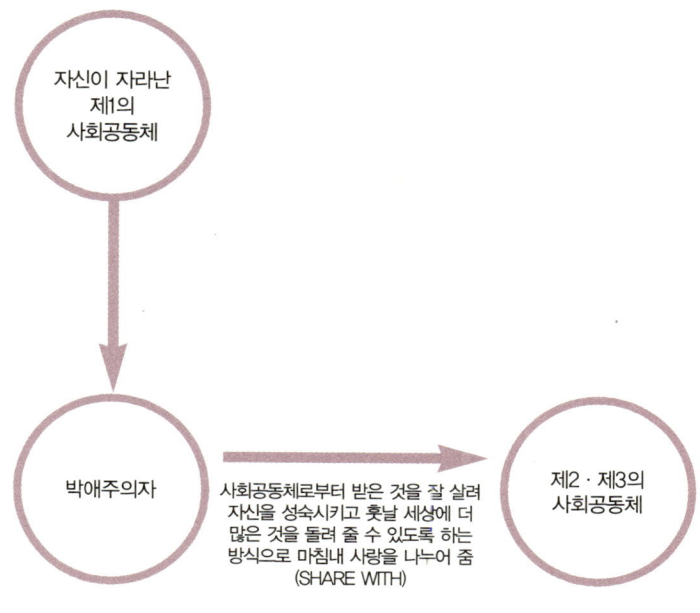

다. 세상의 모든 가치를 받고 자라난 박애주의자들은 이제 자신이 나누어주는 위치에서 사람들을 감화하고 가르쳐주며 나누면서 세상을 점차 변화시켜간다. 이것은 이념이나 철학도 아니다. 사람이 살아가는 인생 공식이자 사회를 점차 바람직하게 바꾸어갈 수 있는 사랑의 실천방식인 셈이다.

가진 것들, 고마운 마음을 언젠가는 나누어야 하는 일

한 이야기가 있다. 위대한 박애주의자이자 뛰어난 선지자였던 예수는 '착한 사마리아인'의 이야기를 통해 사람들에게 '박애의 길'을 제시해주신 바 있다.

『어떤 사내가 예루살렘에서 여리고로 내려가던 도중에 강도들을 만났다. 강도들은 그를 털었고, 때리고 죽어가게 내버렸다. 우연히 한 제사장이 그 길을 지나가다 그를 발견하고는 피해서 갔다. 마찬가지로 한 레위인도 그곳에 이르렀는데, 한 번 쳐다보고는 멀찍이 떨어져 지나갔다. 이와는 대조적으로 그 길을 가던 사마리아인이 있었다. 그가 그 희생자가 누워 있는 곳에 이르렀을 때, 그를 보고 측은한 마음이 일어났다. 그는 그 사람에게 다가가 상처를 기름과 포도주로 치료해 주고 붕대를 감아 주었다. 사마리아인은 그를 자신의 노새 위로 끌어올려 여관으로 데리고 가서 돌봐주었다. 그 다음날 그는 은전 두 개를 꺼내 여관주인에게 주면서 "그 다친 이를 돌봐주시오. 내가 돌아오는 길에 당신이 쓴 나머지 비용을 치르겠소"라고 말했다.』

이 이야기(누가복음 10장)의 배경에는 다음과 같은 말씀이 또한 전한다. 율법의 대가가 예수에게 한 "무엇을 행해야 영생을 얻겠느냐(어떤 것이 인간 최대의 선행이냐는 취지)"는 질문에 예수는 "당신의 생각은 어떤가" 하고 율법학자에게 반문했고 "(제가 알기로) 주께서는 네 마음을 다하며 목숨을 다하며 힘을 다하며 뜻을 다하여 주主 너의 하나님을 사랑하고 또한 네 이웃을 네 몸과 같이 사랑하라 했나이다"라는 율사의 대답에 전적으로 동의한다. 그리고 "그러면 내 이웃이 누구입니까"라는 율사의 질문에 바로 이 사마리아인의 일화를 거론한 뒤 "이 세 사람 중에 누가 강도 만난 자의 이웃이 되겠느냐"라고 물으며 "사마리아인과 같이 하라"는 계시를 내리게 되었던 것이다.

흔히 강도는 이기주의자로 제사장과 레위인은 개인주의자로 사마리아인은 이타주의자로 해석되곤 하는데, 예수 선생께서 진정 전하고자 하는 메시지는 '사마리아인처럼 늘 여유를 가지고 삶을 살다가 자신이 모르는 누군가가 구원의 손길을 필요로 할 때 아무런 대가없이 그 사랑을 나누어 줄 수 있어야 한다'는 박애주의의 바로 그것이리라. 예수의 말씀은, 아는 사람만 도와준다거나 부족한 사람으로서 헤프게 퍼준다는 것이 아니라, 늘 자신을 갈고 닦아 사회를 위해 애쓸 준비를 하며 언젠가 다른 사람에게 사랑을 전해줄 수 있어야 한다는 것이다. 또한 그것은 자신이 받았던 누군가를 기억해서 다시금 돌려준다는 것을 의미한다기보다는 자신이 알지 못하는 누군가에게도 기꺼이 자신의 사랑을 나누어주어야 한다는 점을 가리킨다 할 것이다.

프랑스 혁명의 3가지 이념은 자유, 평등 그리고 박애였고 그때부터 세상에 주목을 끌게 된 박애는 인종, 신분, 종교, 국적을 불문한 보편적인 인간애로 널리 세상에 퍼져나갔다. 빌 게이츠, 워렌 버핏 등 막대한 부를 이룩한 세계적 부호들이 잇따라 자선사업에 자신의 재산을 기꺼이 헌납하는 목적은 '또 다른 명성'에 있다고만 할 수 없다. 바로 가장 성공한 21세기인으로서, 이 사회에서 받았던 자신의 풍요를 후세의 많은 사람들에게 나누어주는 것이 바로 박애의 '사랑'이라는 점을 잘 알기 때문이 아닐까 한다.

빈손으로 태어난 사람은 역시 빈손으로 돌아간다. 돈을 많이 가져도, 온갖 명예와 지위를 누려도, 뛰어난 지식을 가지게 되어도 모든 사람은 모든 것을 툴툴 털고 가야 한다. 세상에 나와 좋은 의식주를 누리고 많은 친구들을 만나며 많은 지혜를 배우는 일은 멋진 일이 아닐 수 없다. 참으로 고마운 일이기도 하다. 이처럼 고맙고 소중한 '삶'이라는 것은 '(이렇게) 살아 있음'의 명사형이라기보다 '(어떻게) 살아야 함'을 의미하는 정언명제와도 같다. 바로 박애로써 자신이 받은 행복의 씨앗을 음지의 누군가에게 심어주어 양지에서 사랑의 나무가 자라게 하는 것이 필요한 때이다. 이제 우리가 박애博愛의 삶을 지향해보는 것이 진정 절실하다는 생각이 부쩍 든다.

"가슴 설레는 순간이 있으십니까?"

| 에필로그 | 가슴이 설레는 순간

사법연수생으로 있을 때 일이다. 사법연수원에 음악감상실이 개소되어 내가 잠시 동안 감상실지기를 한 적이 있다. 음악감상실을 동료 법조인들에게 소개하면서 이런 글을 써서 알렸다.

어떤 긍정적인 발표를 기다릴 때,
마음에 들던 상대가 저 먼 거리에서 다가오고 있을 때,
평소에 꼭 하고 싶던 대화를 누군가와 나누게 될 때,
그 누군가로부터 뜻하지도 않았던 기대 이상의 칭찬을 받게 될 때,
마음 한구석에 허전함을 느낄 무렵 불현듯 라디오에서 흘러나오는 바이올린 선율을 듣게 될 때,
그리고 바로 그 음악이 그 순간 내가 듣고 싶어 했던 그 음악일 때,

모두 제 가슴을 설레게 했던 것으로 저는 기억하고 있습니다.

각박한 일상에 흠뻑 젖어 있는 우리는 종종 영혼이 숨 쉴 수 있는 평온

한 기회를 쉽게 잃어가면서도 자주 스스로의 외로움과 상대방의 부재를 아쉬워할지도 모릅니다. 그러다 그 빈자리를 찾아 우연히 들려오는 선율에 '아 이런 음악이 아름답게 들릴 때가 있구나' 라고 위안하는 경험을 하게 된다면 우리가 음악을 좋아하건 그렇지 않건 우리의 영혼에 얼마나 큰 기쁨이 될 수 있을까요.

반복되고 힘겨운 일상에 촉촉한 샘물이 되어
자그마한 영혼의 안식처가 될 수 있는 음악을
많은 사람들이 공유할 수 있었으면 합니다.
음악의 대양大洋이라고 할 수 있는 고전음악의 세계에서
섬세한 감수성을 가지고
훈훈한 인간미로 감싸 안으며
사려 깊은 지혜로 충만한 사고와 함께
불꽃 튀는 열정을 뿜어내는
수많은 아티스트들의 이야기들을 들어볼 기회를 마련하지 않으련지요.

이후 여러 해가 지났다. '음악은 우리들의 영혼을 깨끗하게 하고 인간 본연의 심상을 높이 끌어올린다' 는 악성樂聖 베토벤의 말이 해를 거듭할수록 깊이 와닿는다. 그동안 나는 음악을 비롯한 여러가지 인문학적 소양으로 많은 지혜를 배울 수 있었다. 인문학을 통해 나는 늘 마음 설레는 기쁨을 만끽할 수 있었다. 인문학과 예술의 향에 흠뻑 젖을 때면 이렇게 가까운 사람들에게 말을 건네 왔다. 지난 7년여를 준비한 이 책을 계기로 여러분들과 세상에 이 말을 다시금 건네고 싶다.
"여러분, 가슴 설레는 순간이 있으십니까?"

인문학 두드림 콘서트

지은이 | 유재원
펴낸이 | 김경태
펴낸곳 | 한국경제신문 한경BP
등록 | 제 2-315(1967. 5. 15)

제1판 1쇄 발행 | 2010년 6월 20일
제1판 2쇄 발행 | 2010년 8월 25일

주소 | 서울특별시 중구 중림동 441
홈페이지 | http://www.hankyungbp.com
전자우편 | bp@hankyungbp.com
기획출판팀 | 3604-553~6
영업마케팅팀 | 3604-595, 555   FAX | 3604-599

ISBN 978-89-475-2757-6   03180
값 13,000원

파본이나 잘못된 책은 바꿔 드립니다.